# ENCONTROS ASTRAIS

# Encontros Astrais

## OS SIGNOS NO AMOR E COMO ELES INTERAGEM

**MAÍNA MELLO**

FONTANAR

O selo Fontanar foi licenciado pela Editora Schwarcz S.A.

*Grafia atualizada segundo o Acordo Ortográfico da Língua Portuguesa de 1990, que entrou em vigor no Brasil em 2009.*

CAPA E PROJETO GRÁFICO
Tereza Bettinardi

IMAGEM DE CAPA
Catarina Bessell

PREPARAÇÃO
Mariana Delfini

REVISÃO
Ana Maria Barbosa
Adriana Bairrada

Dados Internacionais de Catalogação na Publicação (CIP)
(Câmara Brasileira do Livro, SP, Brasil)

Mello, Maína
Encontros astrais: os signos no amor e como eles interagem / Maína Mello. — 1ª ed. — São Paulo: Fontanar, 2016.

ISBN: 978-85-63277-78-7

1. Astrologia 2. Astrologia e amor 3. Horóscopos I. Título.

16-00998 CDD-133.54

Índice para catálogo sistemático:
1. Signos no amor: Horóscopos: Astrologia 133.54

[2016]

EDITORA SCHWARCZ S.A.
Rua Bandeira Paulista, 702, cj. 32
04532-002 – São Paulo – SP
Telefone: (11) 3707-3500
Fax: (11) 3707-3501

*There was a boy.*
*"The greatest thing you'll ever learn*
*is to love and be loved in return."*

# SUMÁRIO

INTRODUÇÃO A arte do encontro 9

**A MAGIA DO AMOR** 16

O Sol: *Quem é você?* 19

Classificação dos signos 97

O Ascendente: *Qual o seu estilo?* 107

A Lua: *A emoção e o envolvimento* 129

**A QUÍMICA SEXUAL** 152

Vênus: *O desejo* 155

Marte: *A vontade* 183

Lilith: *A libido* 213

APÊNDICE As efemérides de Lilith 235

Agradecimentos 237

INTRODUÇÃO

# A ARTE DO ENCONTRO

Os primeiros registros astrológicos de que temos conhecimento datam de 4 mil a.C. na Mesopotâmia, região que hoje chamamos de Oriente Médio. A astrologia teria nascido como tentativa de prever nos céus os ciclos de fertilidade da terra, prática que logo se estendeu para previsões políticas, com governantes que recorriam aos observadores do céu como recurso para antecipar os movimentos coletivos.

O saber astrológico se desenvolveu pelo Egito, pela Pérsia e chegou à Grécia, onde, já quase no ano zero do nosso calendário gregoriano, a astrologia foi sistematizada da forma como a praticamos até hoje. Por fim, a dominação romana colaborou para divulgar esse conhecimento em ampla escala pelo Ocidente, passando pelos árabes, que a aperfeiçoaram ainda mais. É importante ressaltar que aqui estamos tratando da astrologia ocidental. No Oriente é diferente — na China e na Índia, por exemplo, praticam-se leituras astrológicas baseadas em outros sistemas.

Foram os gregos que calcularam os primeiros mapas astrais individuais, procurando relacionar a posição dos astros ao destino de cada pessoa. A princípio, essa interpretação não tinha profundidade psicológica, uma vez que só nos aprofundamos em nosso próprio psiquismo após o Renascimento. Até então, o destino astrológico era bastante determinista. Com o livre-arbítrio que passamos a desenvolver, o mapa astral se tornou um meio de obter autoconhecimento, se prevenir e aventar possibilidades de escolha.

Corta a cena para os anos 2000. Em plena transição para a Era de Aquário — embora haja controvérsias se ela já teria começado ou não, pois os astrólogos divergem nesse cálculo (para mim, por exemplo, já começou) —, a astrologia está na rotina de todo mundo através das mídias. Mesmo quem não procura pela informação astrológica acaba se deparando com ela nas redes sociais. A internet é inclusive a grande responsável por sua disseminação em ampla escala. Efeitos desses tempos em que estamos cada vez mais conectados com o universo e descobrindo todos os segredos ocultos!

"Oi, prazer, eu sou ariana, e você?" As pessoas se definem e se apresentam por suas características astrológicas. A astrologia é pop e está cada vez mais centrada no indivíduo, como ferramenta de busca pessoal para se conhecer e *tentar* controlar o próprio destino. "Conhece-te a ti mesmo", grafou-se na porta do oráculo de Delfos, na Grécia, que estruturou o mapa astral: o enigma da humanidade está no próprio ser humano. E cá estamos nós, ainda tentando nos desvendar. Fazer seu mapa astral é saber que você nasceu sob tal configuração celeste, com determinado signo, Ascendente, Lua, e descobrir a posição de todos os demais planetas do sistema solar nesse dia. E ainda outros aspectos astronomicamente calculados. Tudo isso significa uma coisa: você.

O mapa astral descreve a sua vida em potencial. Ela é uma narrativa com um ponto de partida que é da ordem do destino: essa configuração natal não pode jamais ser alterada. Mas pode ser aperfeiçoada, pois somos seres em eterno devir: estamos sempre em processo de vir a ser nós mesmos. Em versão melhorada, espera-se! O mapa aponta um caminho que é o sentido da evolução, algo como um propósito de vida, uma missão. É certo que vamos chegar lá? Nada é certo, isso depende em grande parte das nossas escolhas. É aí que entra o livre-arbítrio. Se às vezes não temos como evitar certas experiências, sempre podemos escolher passar pelas situações com medo ou coragem, determinação ou hesitação, amor ou raiva. Recorremos ao oráculo astral para saber o que fazer de nossas vidas.

Como calcular e interpretar seu mapa astral? A melhor maneira é, sem dúvida, contratar o serviço de um astrólogo profissional, pois não há outra forma de conhecer seu céu de nascimento em tanta profundidade senão através de alguém habilitado a desvendar suas partes e sintetizá-las em seu significado individual. Ninguém melhor que o astrólogo para te auxiliar nesse processo de autoconhecimento e responder às suas perguntas diretamente. Mas na internet há muitos sites que oferecem o cálculo com desenho do mapa gratuitamente e, em alguns casos, também uma análise pré-preparada e gerada automaticamente por um software — este, na maioria das vezes, um serviço pago. Ainda assim, astrólogos e sites podem oferecer sistemas e interpretações diferentes. Então, vale uma pesquisa pelo que melhor convém às suas necessidades.

Pela minha experiência de anos de estudo e prática como profissional da astrologia, posso afirmar que atualmente todo mundo que procura um astrólogo está interessado em autoconhecimento, sim, mas está ainda mais preocupado em conhecer o grande amor. Essa pessoa é certa para mim? Qual o signo que mais combina comigo? Vou casar e ter filhos? Ele vai mudar? Milênios se passaram e continuamos obcecados por isso! Ouço essas perguntas diariamente, e as pessoas ficam muito felizes quando analiso a combinação astral entre dois mapas, um tipo de interpretação chamado sinastria.

Afinal, o mapa astral diz quem seria perfeito para mim?

Começo esclarecendo que, assim como você, a outra pessoa não é apenas um signo, mas todo um sistema. Então, mesmo da perspectiva astrológica há muitos fatores a considerar no encontro entre duas pessoas. Não, o seu mapa não diz como *tem que ser* o parceiro da sua vida. Mas diz muito sobre como você se relaciona e que qualidades considera atraentes no outro. Estamos sempre buscando nos reconhecer no outro de alguma maneira. Então, se ele fala a mesma língua (não necessariamente o mesmo idioma), se gosta das mesmas coisas e frequenta os mesmos lugares, ponto para ele. Ou ponto para você! É tão bom compartilhar! Ainda assim, há tanta gente envolvida com um parceiro tão diferente de si mesmo... O que acontece? Lendo este livro vocês saberão de alguns aspectos astrológicos que sugerem que justamente a diferença seria um fator de atração. A ligação seria então menos uma afinidade e mais uma complementação.

Todo relacionamento é em parte similaridade, em parte complemento, embora esse tempero seja próprio do casal, alguns parceiros mais parecidos e outros quase opostos. Sinto informar, mas não há fórmula de par perfeito. Este livro vai apresentar os principais aspectos de um mapa astral que devem ser levados em consideração na análise de um relacionamento, para que você possa entender tanto o que busca num parceiro como a pessoa com quem você se relaciona. Para que se conscientize do que te dá prazer e do que te causa angústia. O que facilita a sua vida e o que gera problemas muitas vezes incontornáveis. Mas lembre-se: ninguém muda ninguém! As pessoas se transformam por amor, mas apenas no que devem ser, nunca naquilo que elas não são.

Em momento algum pretendo ditar regras de relacionamento nem condenar comportamentos e sentimentos. Na astrologia não há certo e errado. O que existe é uma dinâmica de atração e repulsão entre signos em seus elementos e modalidades que, na dança dos planetas, interagem de muitas maneiras criativas e destrutivas. A astrologia apenas reflete a humanidade em toda a sua multiplicidade e o ser humano em sua individualidade. Nenhuma configuração astral se encaixa à perfeição em outra, tampouco não se encaixa de maneira nenhuma. Sempre existe algum ponto em comum entre duas pessoas; em todo mapa astral constam todos os planetas e os doze signos, o que em si já é uma ligação. Mas nem toda relação foi feita para resultar em casamento, é verdade. Algumas pessoas entram na nossa vida só como parte da lição de amor.

Este livro foi escrito em um momento afetivo muito importante na história da humanidade: quando as dinâmicas de relacionamento estão em evolução, acompanhando o espírito do amor livre da Era de Aquário. As pessoas estão testando outros formatos de relação, baseada menos no casamento como dever e mais na verdade do sentimento que une as partes envolvidas, menos sujeita a leis e mais espontânea em sua expressão. Por enquanto, as relações ainda estão de modo geral bastante desorganizadas e insatisfatórias, e como elas irão se reestruturar só o tempo vai dizer. Mas não acho que isso signifique que todas as pessoas devam prescindir do desejo de ter um lar nos moldes tradicionais. Do ponto de vista astrológico, nem todo mundo nasceu para viver de poliamor! Tentar forçar uma situação desse tipo seria apenas inverter a obrigação do casamento como uma convenção social para o extremo oposto da desvinculação absoluta. E nada que diga respeito ao coração pode ser imposto.

Mas toda essa experimentação afetiva e sexual tem proporcionado lições importantes sobre o que seria, de fato, o amor. Vejam só, recentemente até a Ponte do Amor ruiu: os cadeados que casais românticos de todo o mundo prenderam na Pont des Arts, em Paris, como promessa de amor eterno, foram retirados das grades. Ninguém aguenta mais esse peso do amor que mais parece uma prisão, no qual amantes estão amarrados um ao outro para sempre, para o bem ou para o mal. São tempos de desilusões ou, em outras palavras, de cair na real. O amor dá trabalho, mas não precisa ser um fardo! Queremos o amor com leveza, alegria e prazer. Ué, mas não é assim desde sempre? Era apenas um sonho. Quando vamos torná-lo realidade? Ah, se a humanidade soubesse amar não estaríamos em guerra até hoje...

É preciso experimentar a liberdade sexual para saber do que se gosta e do que não se gosta. A energia sexual é potência de vida, e enquanto houver repressão não há gozo. Há uma certa banalização do sexo? Em muitos sentidos, sim, mas isso também é sintoma da libertação. Nós somos assim, vamos de um extremo ao outro até encontrar o caminho do meio. E cada caso é único, não nos cabe julgar. Não aguentamos mais viver da hipocrisia de encobrir desejos para depois sermos acusados de traição. Os pactos precisam ser renovados de maneira mais honesta, ou estaremos todos sujeitos a ser surpreendidos pela sensação de que dormimos com o inimigo. E se é com o outro que nos encontramos, o que resta no desencontro?

Em alguns momentos vou falar sobre o feminino, se esta for a natureza do planeta em questão, como no caso da Lua e de Vênus, ou sobre o masculino, para o Sol e para Marte. Em alguns momentos posso falar sobre as características da mulher ou do homem de determinado signo. Que fique claro que no astral as energias yin e yang também estão em atuação, e que para o céu não faz diferença alguma se você é homem ou mulher, porque é você quem vai temperar essas qualidades dentro de si. Vou repetir: OS ASTROS NÃO SE IMPORTAM COM O SEU GÊNERO. Não há nada no mapa astral que sugira o gênero do indivíduo; sem um nome no mapa, não se pode dizer se é de um homem ou de uma mulher.

Este livro não é um manual de como interpretar um mapa astral, tampouco contém todos os fatores astrológicos que constam numa carta natal. Ele é dedicado apenas aos aspectos que tratam diretamente dos relacionamentos. Na primeira parte, "A magia do amor", começamos pelo signo solar, que é a essência da sua identidade — é preciso conhecer quem é você para descobrir quem poderia ser o outro, certo? Daí passamos para a classificação dos signos em elementos e modalidades, fundamental para compreender como eles interagem por afinidades e diferenças. Depois seguimos para o signo ascendente, que confere um estilo mais definido e projeta a qualidade complementar do possível outro. Fechamos essa parte com a Lua, a emoção: como nos envolvemos uns com os outros?

Na segunda parte, "A química sexual", vamos conhecer o desejo através de Vênus e a vontade de Marte. Como nos atraímos sexualmente? Para fechar essa parte e este livro com uma pitada de um segredo que só agora está sendo revelado, apresento-lhes Lilith, a Lua Negra, o ponto astrológico que representa a nossa libido, força de vida e de morte que mobiliza tudo neste mundo.

Ao final, você terá um recurso inestimável para buscar o melhor de seus relacionamentos daqui em diante. Um conhecimento que vale ouro e que eu ensino com todo o prazer. Agora deixo que você vá ao encontro de si mesmo através do outro. Que seja sempre amor.

# A magia do amor

CADA UM TEM EM SI MUITAS TENDÊNCIAS DIFERENTES, que, integradas, se expressam como a individualidade.

Assim é o mapa astral, composto de doze signos, doze casas e pelo menos dez planetas que se reúnem num universo particular. Há outros corpos celestes e pontos astronômicos que podem ser considerados no cálculo de uma carta natal, depende da inclinação de cada astrólogo — a astrologia é uma arte interpretativa!

Três fatores astrológicos funcionam como os pilares sobre os quais cada um desenvolve sua personalidade: o Sol, o Ascendente e a Lua. O Sol reflete a essência, o Ascendente define um estilo próprio, e a Lua faz se emocionar e se envolver com os outros. Os fundamentos de uma pessoa projetam o seu amor. O amor simplesmente É — algo assim, meio mágico.

Esses pontos interagem dentro do próprio mapa, mas também com o mapa dos outros em função dos relacionamentos. Na leitura desta primeira parte de *Encontros astrais*, você deve considerar sua personalidade a partir desses aspectos, mas também deve analisar como cada uma das suas facetas se relaciona com as dos outros. Daí você pode entender por que se dá bem com certos tipos de pessoas.

Para facilitar essa compreensão astrológica, dedico um capítulo à classificação dos signos, já que eles se agrupam segundo afinidades. Posteriormente você vai poder usar esse conhecimento na análise de qualquer sinastria. Seja a interação entre o Sol e a Lua ou entre o Sol e o Ascendente de um e de outro, quais signos se entendem, quais se desentendem e por quê? Como é que se dá esse encontro astral aqui na Terra?

# O SOL

## QUEM É VOCÊ?

O signo ao qual você se refere como seu é onde se encontrava o Sol no seu mapa de nascimento. O Sol é a estrela central de nosso sistema, cuja força de atração mantém os planetas em órbita ao seu redor. Não fosse esse magnetismo, não haveria a Terra que habitamos. O Sol é a razão de existir deste nosso sistema planetário em particular.

Na astrologia, observamos e interpretamos o movimento dos astros do sistema solar segundo o ponto de vista geocêntrico. Você lembra que, antes de Copérnico provar que estamos girando ao redor do Sol, considerávamos a Terra o centro do universo? O saber astrológico nasceu bem antes de o mundo conhecer esse fato, mas não pense que os astrólogos eram ignorantes disso. Eles sempre souberam aquilo que o mundo não aceitava por não se adequar ao seu egocentrismo. Na astrologia, apenas reconhecemos a Terra como sendo nosso ponto de vista porque é onde nós estamos. De onde mais poderíamos olhar para o céu e afirmar que o Sol, Mercúrio, Vênus e os demais planetas estão em tal signo?

A Terra é, então, o nosso referencial, de onde percebemos o sistema solar se movimentar tendo como pano de fundo um caminho de estrelas que chamamos de zodíaco. Os signos astrológicos nasceram a partir das constelações de mesmo nome. Mas constelações são uma divisão astronômica, que interessa apenas a título de localização espacial, enquanto os signos são uma divisão astrológica, que considera também o seu significado simbólico sobre a experiência humana. Além da qualidade, essas divisões diferem em tamanho. É por isso que se você for analisar uma tabela astronômica vai notar que os planetas se localizam em lugares diferentes da astrológica. É por isso também que vira e mexe sai em algum jornal aquela suposta novidade bombástica que na verdade é muito antiga e muito chata: a de que seu signo vai mudar.

Ora, essa é uma briguinha muito boba dos astrônomos. Sabia que, quando nasceram, astronomia e astrologia eram uma só coisa? Foi só depois do cientificismo europeu dos anos do Renascimento que elas começaram a se afastar, porque se decidiu que astrologia não é ciência. Astrologia é mais que a ciência materialista, é um saber múltiplo. Quem sabe agora na Era de Aquário fique claro que há também uma ciência espiritual. Por enquanto, este nosso saber maravilhoso ainda sofre ataques, e tem sido assim desde sempre. A muitos ainda não interessa que conheçamos o nosso destino cósmico e tomemos posse de nossa própria existência. Faço questão de esclarecer isto aqui neste livro e peço que divulguem a informação: seu signo não vai mudar, e no zodíaco astrológico vai continuar havendo apenas doze signos. Está bem?

Então vamos voltar ao Sol. Daqui da Terra, nós o observamos transitar anualmente pelos doze signos em determinadas datas que sempre se repetem em um ciclo contínuo. O Sol é o símbolo do EU, por isso você diz "MEU signo". Na verdade, você é o mapa astral inteiro, mas é a partir da qualidade solar que se fundamenta a sua própria identidade. É por isso que ser de Áries — impulsivo, enérgico, conquistador — é tão diferente de ser de Câncer — emocional, receptivo, imaginativo. Outros fatores vão definindo melhor a personalidade, cada um de uma forma. Vamos chegar lá. O importante a saber em primeiro lugar é que o Sol dá a liga. Para entender como são a afetividade e a dinâmica de relacionamento de uma pessoa (quem é você?), comece a ler sobre seu signo solar. Comece a (se) compreender desde a essência.

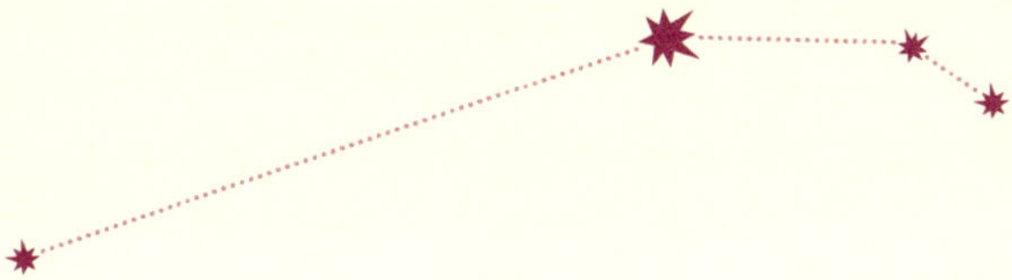

# ÁRIES

**ELEMENTO** Fogo • **MODALIDADE** Cardinal • **REGENTE** Marte

É o primeiro signo do zodíaco, e isso diz muito sobre o indivíduo, que vive como se estivesse numa eterna competição. Seja homem ou mulher, seja qual for sua orientação sexual, o nativo de Áries pode até ter outras ambições, como dinheiro e status profissional, mas o troféu é, acima de tudo, a pessoa amada. Não que ele seja romântico, embora possa ser eventualmente, dependendo de outros fatores no seu mapa astral individual; em essência, esse impulso tem uma motivação simples: o desejo. Que, no geral, pode até ser muito complexo, mas para Áries é básico: a necessidade de acasalar com um parceiro sexual altamente satisfatório também em outros âmbitos da vida.

Por isso Áries é aquele que desde o jardim de infância já está brincando de guerra dos sexos, que a princípio leva muito a sério como se o outro fosse o inimigo, até descobrir que na verdade o outro é tudo o que ele deseja. Na historinha que está escrevendo para sua vida, Áries é independente até a página 10, momento da virada na trama, quando ele se apaixona e descobre que não pode mais viver sem o ser amado. É aí que perde a cabeça — a metáfora não é por acaso: no corpo, é a cabeça que tem a regência astral do carneiro.

Áries sempre se apaixona à primeira vista, o que não quer dizer que se apaixone fácil e nem que se apaixone por todo mundo com quem se relaciona, embora possa parecer assim por causa do seu tesão explícito. Mas para Áries costuma ser muito claro o que é atração sexual e o que é paixão, em geral porque no primeiro caso Áries é autoconfiante e indiferente ao dano emocional que possa causar, e no segundo caso se atrapalha inteiro. É provável que em algum lugar entre a infância e a adolescência tenha se apaixonado por uma pessoa e que por isso tenha se dedicado de corpo e alma a ela. Conforme vai crescendo e descobrindo a batalha que é um relacionamento amoroso, no entanto, e depois de sofrer sua primeira desilusão, Áries entra no jogo como um conquistador que precisa experimentar muito antes de ter certeza. Mesmo quando não está consciente disso por causa da carência e momentaneamente julgue estar apaixonado por cada pessoa com quem tem uma transa animal, ele sabe muito bem quando se apaixona pra valer, porque aí... é difícil.

É que, como Áries está sempre numa disputa pelo poder, a dinâmica dos relacionamentos tem a ver com um jogo de dominação, que ele até pretende viver de maneira saudável, mas sabe-se bem o quanto de conflito isso representa. Áries é o dominador em qualquer situação ou modelo de relação, pois é quem manda, é a figura de destaque do casal e que precisa da admiração constante e incontestável do outro. Mas Áries só vai valorizar outra pessoa a quem também admire constante e incontestavelmente, senão ele perde o interesse. Então o relacionamento precisa ser um eterno jogo de sedução. Áries só se interessa por quem representa um eterno desafio.

Quando isso é bem compreendido, a relação pode ser excitante, mas quando não é, ela pode se tornar uma arena de egos e frustrações. Por ser meio egocêntrico, Áries pode desejar alguém de força viril semelhante — seja homem ou mulher, porque independentemente disso este é um signo de energia yang, portanto masculina. É como se se apaixonasse por um espelho. Mas sem maturidade fica difícil lidar com o que acaba se tornando uma oposição, e não há relação possível diante de uma competitividade tão agressiva, embora seja verdade que estar com alguém de força equivalente pode ser o teste de amadurecimento de que Áries tanto precisa. Mas essa não é a sua verdade: o que funciona mesmo para Áries — e o que ele afinal ama — é a relação com alguém passivo, portanto submisso. É a essa força de outra natureza, yin, dócil e receptiva, que Áries pretende arrebatar. Isso, sim, é atraente.

Áries é o próprio arquétipo do herói, é o signo de conquista. E, segundo o modelo mítico e dos contos de fada, o herói precisa salvar alguém. Então Áries está em busca de seu príncipe ou princesa. No imaginário, isso significa alguém ainda em desenvolvimento, de qualidade frágil mas com muito potencial, pois um dia será rei e rainha. Quando? Depois que se casar com Áries! Não que Áries seja também príncipe ou princesa, embora o nativo mais romântico até possa se considerar assim; em geral, Áries é por demais primitivo para esse refinamento. Sem querer ofender, pelo contrário: valorizando a sua grande qualidade de caçador. Áries é uma força animal e é regido pelo planeta Marte, que na mitologia é o deus da guerra — Ares para os gregos. E Marte é impetuoso e brutal, embora, claro, isso varie para o nativo de acordo com a posição de Marte no seu próprio mapa astral.

Resumindo: Marte é testosterona, e assim é Áries. Mesmo a mulher do signo é puro impulso sexual e não desempenha bem o papel de mocinha. Ela tem uma feminilidade diferente daquela tradicionalmente atribuída à mulher porque é cheia de atitude, objetivada pelo desejo e, se não toma a iniciativa diretamente, sabe muito bem atiçar o fogo para que o façam por ela. A mulher de Áries não se permite ser subjugada. O homem de Áries é o próprio modelo de macho, viril e egoísta. Este é um signo que precisa assumir a liderança. Mas porque do outro lado de Áries está a balança Libra, o signo precisa do contraponto da beleza e da harmonia, ficando mesmo é com quem encanta, não questiona demais e tampouco compete, justamente o contrário; com quem acompanha e vibra por suas vitórias, faz as devidas concessões e ainda se dedica a seduzir o tempo todo.

Quem estiver interessado em Áries deve prestar bastante atenção a isso, porque é o que vai fazer a diferença no interesse deste nativo, famoso por não ver mais graça naquilo que já foi conquistado e que sempre pode partir em busca de outra motivação. Não é que Áries não curta relacionamentos estáveis, até porque se pretende encontrar o grande amor é porque quer ficar junto para sempre. Mas para se relacionar com Áries no longo prazo é preciso investir em um jogo de sedução contínuo — e que na verdade nem é tão trabalhoso assim, porque este é um signo bem simples, basta entender do que ele gosta e oferecer isso. O problema é ter essa disposição o tempo todo, principalmente se o pretendente for mais emocional, porque ele pode se magoar com os arroubos egoístas e a falta de delicadeza ariana com os sentimentalismos alheios. Ou se o pretendente precisar de tranquilidade, porque Áries é inquieto e está sempre tacando fogo em tudo. Estar com Áries é abraçar a inconstância e até se divertir com ela, tendo jogo de cintura com seus rompantes agressivos sem se ofender e não se incomodar quando o nativo resolver bancar que se vira sozinho e sair por aí.

Ora, Áries até pode se virar sozinho, mas no íntimo gosta demais de ser paparicado para ficar por sua própria conta por muito tempo. Então ele não é um signo tão independente assim, embora precise mesmo de autonomia e não goste de ficar dando muitas satisfações. Áries precisa fazer o que quiser do seu jeito, mas não se incomoda que telefonem e se envolvam nas suas questões. Aliás, gosta bastante dessa atenção, desde que não se metam e não façam cobranças. A mulher de Áries pode ser bem objetiva como um homem, pragmática em relação a suas necessidades emocionais: ela quer isso e pronto! É impressionante como mesmo a mulher mais feminina de Áries é quase um homem.

Discutir o relacionamento é bastante problemático: melhor evitar, porque com Áries é fácil a conversa virar briga. Não queira brigar porque você vai perder, nem que seja a paciência, e acabar piorando tudo. Não é que Áries precise se relacionar com Libra, mas Áries precisa de alguém conciliador e que tenha um jeitinho todo especial para lidar com sua rudeza. Sejamos honestos: este é um signo com tendências emocionais infantis e precisa de um parceiro que o refine.

Áries é basicamente um ser sexual, que costuma ter um desempenho extraordinário na cama justamente pelo forte instinto animal. É um signo de potência e para se sentir satisfeito precisa expressar o seu desejo nu e cru — sua preferência sexual é a famosa rapidinha, não há signo que aprecie mais sexo em locais públicos com toda a possibilidade de ser pego no ato!

A questão da fidelidade depende do indivíduo e de seu sistema de crenças. Áries é sobretudo fiel a si mesmo e, quanto ao desejo sexual, vive em estado de alerta. É possível que sinta necessidade de extravasar a tensão em relações sem compromisso, que no seu íntimo não prejudicam em nada o amor por quem conquistou seu coração. O parceiro tem que entender e quem sabe fingir que não viu. Mas a recíproca não é verdadeira, porque Áries não admite concorrência. Se prefere uma dinâmica de relacionamento mais aberta a aventuras extras ou quem sabe com mais de um parceiro fixo, mesmo assim tem que ser a figura central do sistema. Porém de qualquer maneira sempre há alguém que é dono de seu coração, e em relação a esse alguém Áries é possessivo e protetor. Ele precisa de um alguém que o complete, porque é assim que se torna o líder que nasceu para ser.

## ENCONTROS ASTRAIS DE ÁRIES

**COM ÁRIES** Ambos são voluntariosos e competem por tudo entre si. O entendimento é difícil no dia a dia, mas a coisa pega fogo entre os lençóis.

**COM TOURO** Touro fica satisfeito em ser o grande amante para uma potência tão viril. No entanto, sua lentidão pode irritar Áries nas situações cotidianas. A relação tende à estabilidade.

**COM GÊMEOS** Excitável, Gêmeos se empolga com a animalidade de Áries, que se sente desafiado pela inquietude mental de Gêmeos. É comum que a relação se configure como um triângulo amoroso.

**COM CÂNCER** Câncer encanta Áries para que seja o herói de seu coração. Mas Câncer também se magoa com a brutalidade de Áries. Ainda assim, de alguma estranha maneira ambos se sentem amparados nessa dinâmica.

**COM LEÃO** Paixão fulminante que tem potencial para ficar

séria. Ambos compartilham da expectativa de uma grandiosa vida em comum. Podem competir, mas na maioria das vezes o jogo é saudável e criativo.

**COM VIRGEM** Funciona quando Áries se deixa ser administrado por Virgem, que tem um apelo natural que desperta instintos libidinosos em Áries. Mas as necessidades de ambos são quase sempre contraditórias.

**COM LIBRA** São como o mítico casal Vênus e Marte, diferentes mas absolutamente atraídos um pelo outro. Verdadeiros aliados, conseguem conjugar forças pelos objetivos em comum.

**COM ESCORPIÃO** Uma relação sobretudo sexual. Áries se fascina pelo mistério de Escorpião. Emocionalmente, a combinação pode ser complexa, mas não conseguem se largar.

**COM SAGITÁRIO** São entusiasmados exploradores da potência sexual e criativa um do outro. Ambos podem crescer juntos em muitos sentidos e ainda assim manter a autonomia.

**COM CAPRICÓRNIO** Existe um evidente conflito de autoridade, que só é bem resolvido quando um se excita mais em se submeter ou quando a troca de papéis é equilibrada.

**COM AQUÁRIO** O idealismo de Aquário estimula Áries a se desenvolver mais intelectualmente. Ambos respeitam a individualidade um do outro e se divertem juntos.

**COM PEIXES** É o que mais se permite arrebatar pela fúria amorosa de Áries, que fica mais confortável para se deixar envolver. Mas sempre existe o risco de mágoa e sufocamento.

## EROTISMO DE ÁRIES

Domínio, competitividade, vontade, potência, brutal, rude, sexo vigoroso, virilidade, ereção, sexo oral, sexo anal, inocência, calcinha de algodão, salto alto, poder, corpos malhados, atletas, torcedores, vestiários, dançarinas, strippers, transar de pé, posição de quatro, rapidinhas, sexo em local público, papai e mamãe, nudismo, maratona sexual, bronzeado, pelos, barba, sexo extraconjugal, trabalhadores braçais, sexo com estranhos, luta corporal, mordidas, grunhidos de prazer

## PERSONALIDADES DE ÁRIES

Xuxa, Anitta, Roberto Carlos, Matthew Broderick, Sarah Jessica Parker, Quentin Tarantino, Vincent Gallo, Serge Gainsbourg, David Letterman, Marc Jacobs, Vincent van Gogh, Charlie Chaplin, Hugh Hefner, Ayrton Senna, Renato Russo, Cazuza, Adriane Galisteu

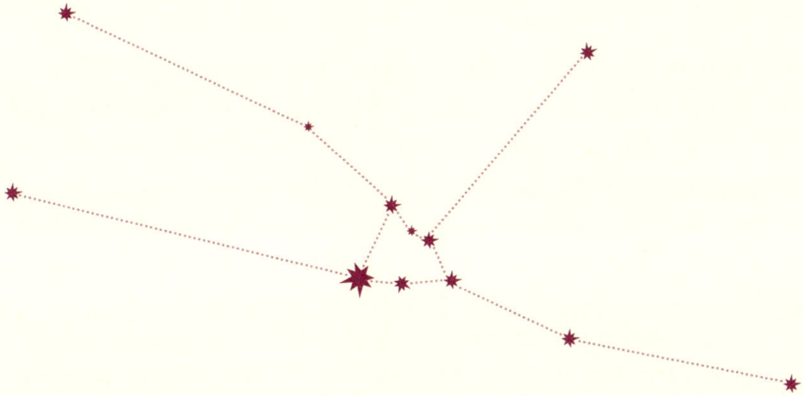

# TOURO

**ELEMENTO** Terra • **MODALIDADE** Fixa • **REGENTE** Vênus

Ao contrário de Áries, que corre para ser o primeiro, Touro não se adianta por nada, nem para conquistar a pessoa amada. Mesmo quando apaixonadíssimo, Touro pode ser bem reticente — e, cá entre nós, é bem difícil o nativo deste signo se apaixonar perdidamente, porque não se perde por nada. Não, Touro preza demais a segurança para entregar seu pescoço — a parte do corpo regida pelo signo. Não que Touro jamais se apaixone; ele é romântico, mas não faz o tipo de demonstrar explicitamente nem o tesão, nem o sentimento. Até porque não é lá muito bom em se expressar. Prefere sugerir, e nisso pode ser atordoante. Mas principalmente se já se apaixonou e foi abandonado — porque é praticamente impossível que abandone — é que Touro desenvolverá resistência à paixão, preferindo se relacionar de uma forma mais suave, o que para outros signos pode ser interpretado como falta de firmeza.

É preciso compreender que Touro se beneficia dessa reticência, preferindo guardar suas intenções para si não apenas por uma questão de proteção. Touro se considera o próprio tesouro. Seja homem ou mulher, é um signo de energia yin, receptiva, então não está na luta para conquistar, mas para ser conquistado. É natural: Touro é regido por Vênus, o planeta da sedução. Os outros que venham à sua caça, que entrem numa competição acirrada pelo seu afeto e favor sexual. Não esqueça que Touro é um animal reprodutor de imenso valor comercial, o que não falta são candidatos de ambos os sexos excitados pelos seus feromônios. Extremamente sensual, talvez o mais erótico dos signos pelo prazer que extrai dos cinco sentidos, Touro exala essa promessa de bem-aventurança ou eterno gozo, como se jamais tivesse caído do Paraíso. Porque este é um signo de continuidade...

Touro é um signo de cultivo, o que tem tudo a ver com a fama de ser estável e, portanto, de preferir relacionamentos sérios e duradouros. O que os candidatos ao seu coração em geral não sabem é que Touro não está tão desesperado assim para entregá-lo, e faz de tudo para se assegurar de que ele jamais será despedaçado. E esse fazer de tudo na maioria das vezes é... não fazer nada. Touro não age, reage. É um grande estrategista, que força os outros a mostrarem suas cartas antes de mostrar as suas próprias, e cujo princípio é o de que a defesa é o melhor ataque. Isso é "feito" com toda a doçura do mundo, de modo que os pretendentes jamais percebam suas segundas intenções.

Touro quer ser desejado. Não, mais que isso: quer ser venerado, quer inspirar adoração. Por isso se insinua de maneira despretensiosíssima mesmo para quem não tem nenhum interesse além de amizade. Tanto que até os amigos ficam em dúvida se não estariam sendo paquerados. Pura sedução. Malícia? Não, bobagem... Touro é gente boa! Touro quer ser conduzido e de preferência não para muito longe, porque gosta mesmo é do seu habitat. Por mais que outros fatores do seu mapa astral individual possam estimular viagens de férias ou a trabalho, o nativo adora voltar para casa. Aventura? Só se for pelo corpo dos outros, pelos cinco sentidos que podem provocar êxtases extrassensoriais — que ele gosta mesmo é de explorar devagarzinho, ainda que incite paixões mais inflamadas nos outros.

Do outro lado de Touro há Escorpião, um signo ardiloso, que domina ao se infiltrar na psique dos outros e é de uma sexualidade que inspira obsessões. Não é de estranhar, portanto, que, se sentindo atraído por tipos misteriosos, cheios de segredos e dispostos a fazer investimentos emocionais profundos, Touro se resguarde do perigo. Ele se coloca tal qual um Minotauro: para se aproximar dele é preciso antes desvendar um labirinto mental de avanços e recuos. Um jogo que pode ser bem perigoso para os envolvidos até que se adquira silenciosa confiança no relacionamento. No fundo de Touro se esconde uma fúria avassaladora, que o nativo não gosta de expressar de jeito nenhum, tentando reprimir qualquer indício de violência. Mas quando fica puto, a raiva se evidencia em seu comportamento passivo-agressivo. É preciso pegar muito pesado para tirar Touro do sério, e, quando isso acontece, não queira estar na frente para ser chifrado. Já viu o que fazem nas touradas? Apertam os colhões do animal. Bastante cruel com quem só quer pastar e trepar...

Touro é supermaterialista e, mesmo que tenha inclinações espirituais — e tem —, costuma duvidar até que seus olhos possam ver. Passa a vida em busca dessa experiência mística que, afinal, aliviaria o peso de sua condição terrena meio aprisionada. Tem pavor da morte. Touro tem muito medo de perder e é por isso que, apesar de blefar demonstrando desapego, quando está apaixonado ao seu modo nada esfuziante torna-se totalmente possessivo. Isso também diz respeito ao dinheiro e aos bens que Touro precisa acumular nem que tenha que sacrificar o pendor artístico pela falta de garantias de sustento confortável, se bem que também tem talento inegável para profissões mais sólidas e para a administração financeira em si. Touro é muito trabalhador e em alguns casos pode ser mais casado com o trabalho do que com qualquer pessoa.

Por isso namorar o homem de Touro pode ser uma tortura para quem não quer tentar mandar o tempo todo e não conseguir resultado, porque ele só faz o que quer. Passada a fase de sedução em que o pretendente teve muita perseverança para conquistá-lo enquanto este se manteve inerte, a paciência tem que continuar, porque Touro nunca vai mudar. Sublinhe esta frase: Touro nunca vai mudar.

Para ser justa com os tourinhos e seus amantes, digo que Touro até pode mudar, mas muito lentamente e só quando for do seu interesse. E, mesmo assim, só quando for realmente flechado no peito por alguém a quem desejou mais que tudo e que por algum motivo (quase) perdeu. Então é como se tivesse aquela segunda chance. Mas antes que você se empolgue, não adianta forçar esse jogo, isso tem que ser absolutamente natural. É muito raro Touro sentir-se assim em relação a alguém, tendo em geral esse amor aparentemente tranquilo e conveniente enquanto no íntimo está sempre meio vacilante. Por quê? Por medo de perder. Por isso é difícil a entrega ser plena. Muitas vezes é preciso já ter perdido para conseguir se entregar. A mulher de Touro pode ser um pouco mais ansiosa para se relacionar, pois seu medo de ficar sozinha pode ser maior do que de perder. Mas nem por isso ela é mais efusiva em seus sentimentos, embora possa falar de amor com mais tranquilidade.

Grande amor para Touro ou é o primeiro, que ele consegue manter por toda a vida (ou que permanece na memória como eterna promessa não realizada), ou é o último, depois de uma vida de tentativas e erros. É comum que o homem de Touro se case algumas vezes, todos os casamentos geralmente com filhos (ou projetos criativos, se for artista), sempre nesse clima de dependência do comando do outro. Já a mulher de Touro tem mais tendência a permanecer numa única relação, pois uma vez assumido um compromisso ela trabalha pela permanência. A taurina precisa ter outros fatores mais inquietantes no mapa — que a conduzam pelo caminho sensual das artes, por exemplo — para que desafie seus próprios apegos e se permita viver muitos amores em uma vida. É um signo submisso, mas seus relacionamentos podem não terminar nada bem. Quando não quer mais, Touro costuma se fechar silenciosamente até que o outro desista. Mas o outro sempre termina com a sensação de que fez algo errado para perder essa pérola.

Touro é mesmo amável e cuidadoso como um jardineiro fiel. Toma conta do relacionamento como se fosse um jardim de delícias numa espécie de tempo onírico, algo entre o sonho e a realidade, eternamente desfrutando das sensações. Quando envolvido,

Touro demonstra seu amor de forma prática, provendo o necessário para que o parceiro se sinta confortável. É do tipo que faz o supermercado, cozinha, compra presentes. Mas para estar com Touro é preciso aquiescer à sua teimosia e ter paciência com seu tempo, além de muita delicadeza para persistir no intuito de orientá-lo sem que ele perceba, porque deixar que ele conduza ao seu modo é frustração certa para ambos.

Touro deseja mais que tudo assumir um compromisso seguro, mas teme fazê-lo por todas as razões já citadas e por mais uma que, afinal, é preciso mencionar: mesmo que seja romântico, o nativo pode considerar muito gostoso estar à disposição dos muitos afetos que se apresentam. Ué, mas não é um signo fiel? Pode ser muito fiel uma vez conquistado, principalmente se fizer o tipo mais discreto, garantia de que será sempre muito prestativo tanto sexualmente quanto nos pequenos cuidados do dia a dia. Porém talvez seja preciso compreender a fidelidade em outro sentido: Touro pode ter algum tipo de preferência de status oficial, mas ter interesses outros por aí, simplesmente porque não tem o menor talento para a abstinência. Touro é sensualidade, e a natureza é sensual. Feliz quem sabe aproveitar.

## ENCONTROS ASTRAIS DE TOURO

**COM ÁRIES** Touro fica satisfeito em ser o grande amante para uma potência tão viril. No entanto, sua lentidão pode irritar Áries nas situações cotidianas. A relação tende à estabilidade.

**COM TOURO** O apelo inicial é intenso, porém com o tempo a relação pode se tornar monótona se não houver novos investimentos afetivos. Mas são reconfortantes e confiáveis um para o outro e adoram a sensualidade.

**COM GÊMEOS** Touro fica um pouco reticente com a incontrolável curiosidade de Gêmeos, ao mesmo tempo que se interessa em estar junto para aprender mais sobre a vida. No sexo, exploram possibilidades.

**COM CÂNCER** O vínculo emocional é sensível; ambos são caseiros, adoram os prazeres da cama e da mesa e nasceram para procriar. O resultado é o mais família possível.

**COM LEÃO** Há uma tensão emocional de forte apelo sexual. Ambos são teimosos e esperam ser venerados pelo outro, mas Leão é muito centralizador e ambicioso, enquanto Touro resiste e rumina.

**COM VIRGEM** Se entendem na necessidade de pisar em território seguro, a atração mútua é coisa de pele. Mas ambos estão preocupados demais com o trabalho para só depois aproveitar os prazeres.

**COM LIBRA** Ambos os signos são regidos por Vênus. Libra apresenta a Touro experiências eróticas mais elaboradas. Mas Touro é prático e Libra é conceitual, e o vínculo emocional pode ser difícil de aprofundar.

**COM ESCORPIÃO** É uma aliança profunda. Escorpião se regozija com dominar a submissão de Touro. A necessidade que um tem do outro é obsessiva.

**COM SAGITÁRIO** Touro pode ser o prato cheio para o apetite sexual e emocional de Sagitário. Mas Touro é doméstico, enquanto Sagitário é do mundo. Se entendem quando aceitam essas idas e vindas.

**COM CAPRICÓRNIO** São o suporte um do outro no desafio de viver e assim crescem juntos. Mas Capricórnio é um pouco duro com a mansidão de Touro.

**COM AQUÁRIO** O sexo é exploração de fantasias, mas a relação tem muitas arestas. Aquário fica quando se interessa em se fixar de forma convencional. Touro fica quando disposto a mudar.

**COM PEIXES** Há uma compreensão mútua e silenciosa. Peixes oferece a devoção que Touro tanto aprecia, e Touro devolve em muitos agrados afetivos e sexuais.

## EROTISMO DE TOURO

Sedução, preliminares, sexo animal, sexo ao ar livre, natureza, toque, carícias, massagem, lambidas, chupadas, sexo oral, sexo anal, sexo lento, provocação, submissão, dançarinas, gigolô, prostituta, comida, bebida, psicotrópicos, lingerie de renda, meias longas, cinta-liga, lençol de seda ou cetim, pele macia, striptease, pescoço, orelha, axilas, seios, 69, dinheiro, sucesso, perfume, mistério, segredo, garganta profunda, ciúme, posse

## PERSONALIDADES DE TOURO

George Clooney, Jack Nicholson, David Beckham, Javier Bardem, Penélope Cruz, Mariana Ximenes, Pierce Brosnan, Valentino, William Shakespeare, Bono Vox, Sigmund Freud, Rodrigo Hilbert, Cate Blanchet, Audrey Hepburn, Sofia Coppola, Cher, rainha Elizabeth II, Faustão, Lulu Santos, Cauã Reymond

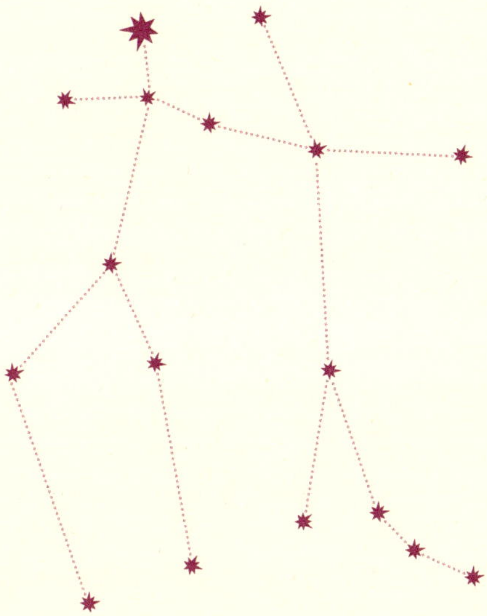

# GÊMEOS

**ELEMENTO** Ar • **MODALIDADE** Mutável • **REGENTE** Mercúrio

Nem tão ativo, nem tão passivo, Gêmeos é algo entre esses dois estados, alternando entre tomar a iniciativa e se deixar conduzir. Mas muitas vezes fica inteiramente na encruzilhada. Pode perguntar para quem já se relacionou com Gêmeos se todo esse traquejo social não se revela em uma indecisão agonizante nas situações mais banais. Pois é, mas quando apaixonado, Gêmeos costuma operar no seu modo mais sagaz, encontrando os meios mais criativos de se expressar ou no mínimo de se fazer presente, porque consegue a proeza de chamar atenção como se não estivesse se esforçando para isso. Nem que seja pelos motivos errados, mas isso faz parte do seu estilo. Quando apaixonado, Gêmeos é sintonia e disposição, mesmo que com uma considerável dose de neurose envolvida. Resumindo: pura excitação.

É provável que seja por isso que busque esse estado constantemente e, na impossibilidade, não permaneça muito tempo em uma mesma situação, lugar, trabalho ou relacionamento. Se não por tomar a iniciativa para mudar, por enrolar o suficiente para que a coisa não continue. Se você que está lendo isto aqui for candidato ao coração de Gêmeos, não desanime: é impressionante como o nativo do signo consegue passar da paquera indiscriminada ao casamento fiel quando ____________ (inclua aqui qualquer resposta possível, porque este é um ser imprevisível).

Não se trata apenas de estar apaixonado, mas também de conveniência e do sistema de crenças de cada nativo, já que este é um signo com os mais variados espécimes. De qualquer maneira, em muitos casos pode permanecer a dúvida, já que Gêmeos jamais deixa de praticar o flerte, nem que seja como esporte, simplesmente porque é o seu jeito de ser, o que pode enlouquecer um tipo mais ciumento. Embora existam muitos Gêmeos tímidos — que em geral deixam a enorme energia mental mais no plano intelectual —, o comum é que seja enturmado, borboleta social do zodíaco, amigo da galera, que fala com todo mundo sobre tudo, que, aliás, fala o tempo todo (nem que seja escrevendo).

Gêmeos é o signo da comunicação, o que explica a energia nervosa: não consegue ficar parado, está sempre atento a estímulos das mais variadas fontes, é capaz de conversar com alguém e ouvir tudo o que dizem as pessoas ao lado, de assistir à televisão enquanto escreve no computador e ouve música, de trabalhar em mais de uma atividade e fazer jornada dupla. Pode até mesmo levar uma vida dupla. Pois é, acontece. Porque Gêmeos é o signo que trata da dualidade a partir da qual compreendemos a vida — sabe que é a partir do claro que sabemos o que é o escuro, o certo a partir do discernimento do errado. Gêmeos tem os dois lados. O que isso quer dizer? Que é ambíguo, oras! Não existe signo mais difícil de entender (e em que confiar). Parece ter múltiplas personalidades; por isso, para falar de Gêmeos, precisamos recorrer a tantas aspas, parênteses e travessões. Em um relacionamento as regras mudam rápido, e o outro tem que tolerar suas mudanças (bruscas) de humor com talvez até mais flexibilidade que o próprio Gêmeos, adaptável que é. Depois de experimentar todo tipo de gente, ele acaba ficando mesmo é com quem se adapta a ele quase como um... gêmeo.

Mas também não há signo mais fácil de amar. Porque, quando resolve ficar com alguém, Gêmeos é companheiro para tudo, desde os eventos familiares — já que assume a família do parceiro como sua — até os eventos sociais — pois assume os amigos do parceiro como seus. Afinal, se Gêmeos resolveu ficar com alguém é porque considerou essa pessoa *muito* interessante, o suficiente para satisfazer sua curiosidade por muito tempo, quiçá por toda a vida. Gêmeos precisa de estímulo constante à sua inquietude, tem esse jeito eternamente adolescente de ser, uma atitude um tanto quanto ansiosa em relação ao romance e à sexualidade. Parece que não saiu do colégio nem quando já amadureceu, nunca cedendo em seu desrespeito juvenil pelas regras, nutrindo eternos sentimentos contrastantes e conflituosos, mesmo que o parceiro não perceba o que está se passando dentro dele, porque Gêmeos permanece com aquela cara de travesso.

Nesse ponto pode haver uma sutil diferença entre o geminiano homem e a mulher, porque esta se pretende um pouco mais "madura" (é sempre relativo o que isso significa de fato), admitindo essa jovialidade como charme. Mas a geminiana pode ser mais obsessiva em relação à pessoa desejada, ainda que em todas as outras questões da vida continue lidando com a mesma displicência, até certa preguiça. Sorte da nativa que descobre um talento inequívoco e constrói uma carreira, porque a partir disso ela desenvolve um senso mais coerente de eu e se afirma mais icônica perante o parceiro e a sociedade. O geminiano, por sua vez, pode ter mais facilidade para desenvolver um talento. Já em termos de relacionamento, pode experimentar muitos namoros e casamentos até, quem sabe, encaixar legal com alguém.

Então Gêmeos fica com quem de preferência tenha uma personalidade mais firme, alguém que seja inteligente o bastante para alternar entre se dedicar a seduzir com surpresas e mistérios que aticem sua curiosidade e se fazer de bobo para não conflitar com seus vacilos — que de qualquer maneira vão passar sem grandes estragos, sempre passam. Isso sem perder a postura, é claro. Gêmeos precisa de alguém que permaneça ao seu lado enquanto se dá ao luxo de ter um probleminha de continuidade — ô signo danado para começar e não terminar as coisas. Seu signo complementar é Sagitário, aquele que atira flechas certeiras e é decidido, impetuoso, dono da verdade e quase sempre bem-humorado em relação a isso —, mas tem horas que alguém tem que falar sério nessa história. Gêmeos muda de ideia o tempo todo e ainda assim insiste em defender suas convicções. A questão é que consegue fazer isso com tanto charme que fica difícil resistir, e no final das contas consegue ficar no centro da relação.

Sim, tudo gira em torno de Gêmeos e suas voltas, até mesmo a excitação sexual depende do seu humor. Não há outro no zodíaco que ligue e desligue com tanta facilidade, e para manter o nativo sempre atento é preciso ter jogo de cintura. Por isso Gêmeos se dá melhor quando está no comando da excitação, conduzindo o ato em si segundo seus desejos inconstantes, que demandam gratificação instantânea senão perdem a graça. Não insiste em uma experiência que não provocou frisson imediato, mas é bastante criativo para tentar de outro jeito — se mesmo assim a coisa não engrena, desiste sem maiores delongas. Mas Gêmeos é excitável, adora uma provocação e pode ser bem direto, embora o que curta mesmo seja mandar indiretas que deixem os outros com a pulga atrás da orelha. Gêmeos adora que caiam no seu jogo mental, que se propõe inofensivo mas pode ficar bem perigoso dependendo da pessoa com quem está lidando. Afinal, há quem leve tudo muito a sério, enquanto Gêmeos só quer brincar...

Aqui cabe um parêntese: Gêmeos é regido por Mercúrio, planeta da comunicação que, na mitologia (Hermes para os gregos), é o deus que leva as mensagens entre deuses e mortais e para isso transita entre mundos, desde o Olimpo, passando pela terra, até o submundo dos mortos. Essa metáfora está perfeitamente de acordo com a tendência do signo em flertar com o que for da ordem do proibido, bem como de manter certas coisas em segredo, apesar do famoso pendor para a fofoca — mas aí a respeito da vida dos outros, jamais sobre o que não lhe interessa que saibam sobre si. Mercúrio também tem regência astrológica sobre as encruzilhadas, portanto sempre tem informação privilegiada, e sobre os ladrões, o que lhe confere um espírito meio furtivo. Mercúrio tem asinhas nos pés, é rápido, quando se percebe já foi embora, às vezes sequer se percebe, e Gêmeos brinca com isso sem a menor culpa. É preciso compreender que o signo tem um entendimento diferente do bem e do mal, integrando tudo numa única experiência sem maniqueísmos — a não ser quando lhe interessa culpar alguém —, o que pode deixar os outros sem saber como lidar. (Sem julgamentos seria melhor.) Gêmeos pode ser bem truqueiro com a maior "inocência", e quando sente que é melhor se abster ou não expor alguma coisa, some sem deixar rastros.

Mercúrio é um planeta de intelecto, mas nem por isso menos curioso sobre a sexualidade. Vem inclusive de sua nomenclatura grega, Hermes, a origem do termo "hermafrodita", tão descritiva da ambiguidade com tendências bissexuais do nativo de Gêmeos. Claro que nem todo geminiano experimentará o desejo por alguém do mesmo sexo, mas é comum que isso aconteça no mínimo como interação platônica. Gêmeos tem mil terminações nervosas pelo corpo que se eletrizam por estímulos múltiplos, mas também tende a intelectualizar a sua sexualidade, chegando até mesmo a "estudar" para ser bom de cama, aprendendo com a pornografia (que voyeur!), mas também com as muitas experiências que tem desde cedo na vida — é um signo que tende a despertar antes mesmo da adolescência. Adepto da experimentação e da variação, Gêmeos é o signo para se ter ao lado quando se deseja uma vida movimentada em muitos sentidos, e, salvo aqueles momentos irritantes, a vida com Gêmeos é uma eterna caixinha de surpresas.

## ENCONTROS ASTRAIS DE GÊMEOS

**COM ÁRIES** Excitável, Gêmeos se empolga com a animalidade de Áries, que se sente desafiado pela inquietude mental de Gêmeos. É comum que a relação se configure como um triângulo amoroso.

**COM TOURO** Touro fica um pouco reticente com a incontrolável curiosidade de Gêmeos, ao mesmo tempo que se interessa em estar junto para aprender mais sobre a vida. No sexo, exploram possibilidades.

**COM GÊMEOS** Ambos são iguais na eclética necessidade de sexo, cultura e movimento.

Formam um casal interessante em muitos sentidos. Mas tranquilizar as emoções e estabilizar um compromisso é um desafio.

**COM CÂNCER** São bem diferentes e parecem ter tudo para não dar certo. Câncer é introspectivo; Gêmeos, extrovertido. Mas quando se dedica à imaginação e à arte de fazer amor, o par funciona que é uma beleza.

**COM LEÃO** Sabem se divertir juntos e isso é um fator de união muito forte. Gêmeos adora o magnetismo de Leão, fica em volta que nem bichinho da luz. Leão aprende a flexibilizar com Gêmeos.

**COM VIRGEM** Os dois signos regidos por Mercúrio podem ter dificuldade de comunicação entre si. Virgem é detalhista, Gêmeos é disperso. Mas aprendem muito um com o outro.

**COM LIBRA** Ambos são sociáveis, agradáveis e compartilham várias afinidades, entre amigos e interesses. Juntos desenvolvem muitas ideias, são criativos. O sexo é leve e gostoso.

**COM ESCORPIÃO** Gêmeos fica fascinado pelo mistério de Escorpião. Ninguém atiça sua curiosidade como esse signo. Vivem de fantasias sexuais. De resto, o diálogo é complexo.

**COM SAGITÁRIO** Expansivo e direto, Sagitário decide tudo o que Gêmeos não consegue e conduz a relação. Gêmeos provê todo tipo de assunto interessante. Se complementam na aventura de viver.

**COM CAPRICÓRNIO** Têm ritmos diferentes, mas, quando conseguem se encontrar, Capricórnio fica mais leve, Gêmeos, mais responsável. Gêmeos deixa Capricórnio assumir o domínio sexual.

**COM AQUÁRIO** Relação promissora entre intelectuais ativos e amantes da liberdade. Vibram em excitação mútua. Gêmeos aprende com a depravação de Aquário.

**COM PEIXES** Peixes entende Gêmeos para além das palavras, e Gêmeos se sente absolutamente acolhido. Mas Gêmeos enrola, e Peixes se faz de bobo.

## EROTISMO DE GÊMEOS

Provocação, experimentação, triângulo amoroso, ménage à trois, pornografia, literatura erótica, sexo oral, habilidade com as mãos, masturbação, bancar o garotinho ou menininha, fantasias, voyeurismo, suingue, troca de casais, clubes, festas, azaração, sexo entre amigos, sexo casual, sexo com desconhecidos, sexo sem compromisso, rapidinha, vibradores, inversão de papéis, bissexualidade, travestismo, biquíni, fio dental, cartas, bilhetes, SMS, redes sociais, sexo on-line, sexo por telefone, nudes, escatologia

## PERSONALIDADES DE GÊMEOS

Ivete Sangalo, Johnny Depp, Paul McCartney, Bob Dylan, Ian Fleming, Jean-Paul Sartre, John F. Kennedy, Clint Eastwood, Angelina Jolie, Brooke Shields, Natalie Portman, Judy Garland, Alanis Morissette, as gêmeas Mary-Kate e Ashley Olsen, Isadora Duncan, Anne Frank, Fernando Pessoa, Fernando Henrique Cardoso, Maysa, Kanye West

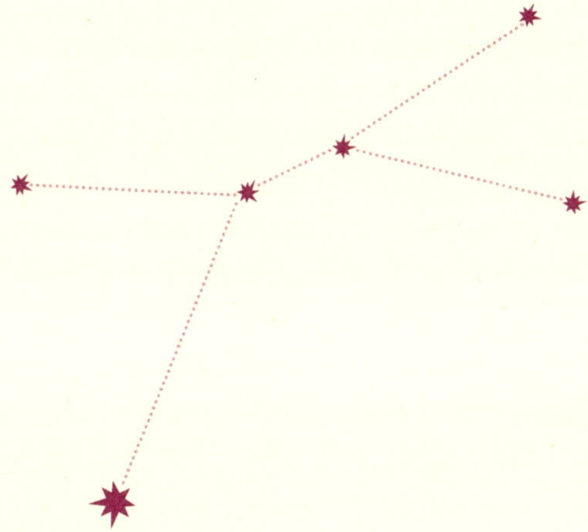

# CÂNCER

**ELEMENTO** Água • **MODALIDADE** Cardinal • **REGENTE** Lua

Famoso pelo romantismo, Câncer se apresenta como o amor dos sonhos de qualquer pessoa, pois idealiza desde sempre um amor para toda a vida. Câncer é regido pela Lua, símbolo do princípio materno na astrologia. É o astro das emoções, da nutrição e da imaginação, e parece que o nativo já sabe desde cedo que foi concebido para se envolver profundamente e fundar um ninho de amor. Câncer se desenvolve nesse encantamento e parece que é assim, de uma forma meio mágica, que acaba por atrair o amor para sua vida. Mas isso depende, é claro, de dominar sua magia. Para falar de Câncer, é preciso recorrer repetidamente à palavra "amor", porque para este signo tudo gira em torno disso.

Câncer é o signo mais feminino do zodíaco e isso permeia até sua manifestação mais masculina. O homem de Câncer é um príncipe encantado, tem um potencial sexual criativo a ser despertado pelo desejo de alguém sob medida para as suas especificações de realeza. É um cavalheiro sensível, gentil e carinhoso, o próprio herói romântico preparado para se dedicar ao ser amado, provendo-o com atenção e necessidades domésticas e de sobrevivência. Porque é assim que ele se torna o homem que está destinado a ser. Está destinado, mas ainda não é — será um dia? Muitos chegam a se tornar pais de família exemplares, modelos de afeto e moral. Mas essencialmente o canceriano jamais perde a aura de noivo, há algo de eterna promessa em seu espírito.

Talvez seja porque o homem de Câncer inspira um amor maternal. O homem de Câncer transforma-se com o sentimento que provoca no amante: de menino a homem. O homem de Câncer heterossexual precisa se casar com uma grande mulher, a quem vai se juntar na condição de segundo sexo, pois reconhece a autoridade do feminino. O homem de Câncer gay precisa ser essa referência de feminino para o parceiro. Por isso a necessidade da maternalidade, o que não quer dizer que ele não seja sexual; costuma inclusive ser bem tarado. Mas é capaz de conter suas fantasias para não abalar as fundações emocionais de um relacionamento, acabando por adaptar-se às necessidades de quem está ao seu lado. Esse respeito todo não o impede necessariamente de se envolver em atividades extraconjugais, até porque sua mente é bem libidinosa, nem que seja preciso procurar fora o que não tem em casa. Ainda assim, é um tipo sobretudo doméstico, que teme ameaçar seus vínculos de dependência.

Já a canceriana é uma grande mulher, descendente direta das matriarcas que resistem a qualquer tentativa de domínio patriarcal. Ela é quem manda na relação e não precisa dissimular que o está fazendo, já que para estar com ela o companheiro precisa se submeter. Mas, até amadurecer, ela é a princesinha à espera do grande amor, lutando para se fortalecer emocionalmente, e se não casa com o primeiro namoradinho da escola — típico —, pode se envolver em tramas amorosas complexas até agarrar o tipo certo. A mulher de Câncer espera ser salva, mas uma vez encontrada ela se empodera de tal forma que jamais poderá ter contestada sua autoridade feminina. Ela pode ser tradicional segundo os modelos de família da sociedade, mas em essência é uma deusa pagã, feiticeira dos poderes lunares que dão forma à vida — não é nenhuma surpresa descobrir que pode ter amantes pela vizinhança.

À moda do caranguejo que dá nome ao signo, ela foi programada para aguentar fortes torrentes de emoções. A dor e o medo também alimentam seus desejos. Nascida para fazer conexão amorosa, ela é mais atirada que o tipo masculino do signo, inclusive no âmbito sexual — não é ela quem está no domínio da situação? Este é seu aprendizado de mulher, porque, enquanto não compreende seu poder de envolvimento, pode ficar sujeita a beijar muitos sapos que não viram príncipes. Ela pode ser bem desesperada para se casar, mesmo quando jovem e festeira, mais ainda quando mais velha e solteira, podendo perder o discernimento sobre as intenções dos pretendentes e acabar ficando com fama de carente. Câncer é um signo carente, só que a mulher é mais explícita em seus sentimentos, podendo acumular sobre o parceiro toda a sua expectativa de amor. A diferença é que para a mulher emoção é poder: quanto mais sente, mais ela cresce.

Feitas as devidas diferenciações entre os sexos e suas orientações, pode-se dizer que Câncer emana inocência, já que seu universo é o infantil. Mesmo os nativos que não desenvolvem a inclinação para ter filhos expressam sensibilidade à moda lúdica das crianças, com poesia e ingenuidade. Câncer tem aquele jeitinho perfeitamente adorável e confiável para levar para casa e apresentar aos pais. Claro que essa não é toda a verdade, porque no íntimo eles estão sempre pensando na sacanagem da cópula. Câncer se pinta como uma aposta estável e segura; mesmo sendo "mais atirada", a mulher tem uma atitude indireta, envolvendo aos poucos, enquanto o homem finge indiferença, e assim Câncer vai se aproximando. Até que o outro descobre que não pode mais viver sem uma criatura tão amável. O nativo de Câncer que não se aproxima com esse cuidado ainda está imaturo, pois as demonstrações desesperadas de afeto e raiva não têm nada a ver com o amor que propõe. Mesmo magoado, Câncer é do tipo que guarda para si, o que tem seu preço. Ou então trata do assunto com muita delicadeza mas sempre sendo dramático de alguma maneira, do tipo de corroer o coração. Não há como evitar, os caranguejos sabem onde pinçar.

O amor de Câncer é essa força que se infiltra. Não é como o fogo das paixões, embora sempre aconteça à primeira vista, mesmo que ele disfarce. Enquanto isso, vai sonhando e fazendo a sua mágica do desejo. Mas é por causa dessa abordagem tão sutil que Câncer seduz os outros a investirem emocionalmente no romance e assegura seu lugar no coração. Por dentro, Câncer pode já estar rendido, mas com desconfiança, só assumindo a entrega depois que o outro já o fez — quando enfim se derrama. Seu signo complementar é Capricórnio, que pode ser um tanto duro e seco em sua exigência por comportamentos responsáveis e socialmente aceitáveis. Um signo que também custa a se envolver, mas quando enfim acontece, é de um comprometimento que não admite romper por nada. Assim fica fácil compreender por que Câncer se dedica a envolver em sensibilidade até amolecer uma casca grossa.

Nessa entrega, vê-se o seu voraz apetite sexual. Sua expectativa é nada menos que a fusão através da qual possa acessar seu manancial inesgotável de afeto e (se) inundar. Não tem pressa alguma de chegar ao sexo, como o amor não tem pressa. Para Câncer, sexo e amor são uma coisa só; sexo é o meio de reparação emocional, quando toda dor será lavada de sua alma. E pode acreditar, Câncer não exagera sobre a dor que carrega, porque é de um amor lancinante. Ele sofre e sempre guarda ressentimentos, até sobre pequenas coisas que os outros sequer imaginam que possam ter magoado tanto. É também um signo que pode ter certo pudor de se abrir com quem não tem intimidade, embora faça-o em caso de necessidade.

Assim como o caranguejo não sai do mangue, Câncer é bem territorialista e, quando acontece de mudar-se de país, seja pelo trabalho ou pelo casamento, vai ou cumprir a obrigação como se fosse um sacrifício, pois não pode ficar longe de quem ama, ou se descobrir mais ligado à outra cultura e fincar raízes como se fosse sua própria origem. Tudo é uma questão de vínculo, essa é sua dinâmica de relacionamento. Mesmo o nativo mais popular tem aqueles poucos e bons que realmente frequentam a sua casa.

Faz parte do aprendizado de Câncer aprofundar-se em suas águas, preencher seu próprio vazio emocional até liberar emoções represadas e só então sentir-se livre para amar. Mas parece que de tempos em tempos precisa desse retraimento, assim como a Lua é de fases. Seu exoesqueleto é uma proteção dura, mesmo que aparentemente seja tão querido — experimente vacilar para ver se ele não se retrai, e daí é difícil recuperar a confiança perdida. Não traia Câncer se não quiser ter alguém eternamente ressentido ao lado! Mas para quem é fiel e disposto a se envolver sem defesas, Câncer é garantia de amor para toda a vida.

## ENCONTROS ASTRAIS DE CÂNCER

**COM ÁRIES** Câncer encanta Áries para que seja o herói de seu coração. Mas Câncer também se magoa com a brutalidade de Áries. Ainda assim, de alguma estranha maneira ambos se sentem amparados nessa dinâmica.

**COM TOURO** O vínculo emocional é sensível, ambos são caseiros, adoram os prazeres da cama e da mesa e nasceram para procriar. O resultado é o mais família possível.

**COM GÊMEOS** São bem diferentes e parecem ter tudo para não dar certo. Câncer é introspectivo; Gêmeos, extrovertido. Mas quando se dedica à imaginação e à arte de fazer amor, o par funciona que é uma beleza.

**COM CÂNCER** Conexão emocional absoluta no que há de mais feliz e mais dramático. Pretendem viver só de amor, mas na prática a organização da relação exige atenção.

**COM LEÃO** É como o casamento do Sol e da Lua, estão sempre em busca um do outro. Câncer interioriza, Leão extravasa. Combinação criativa e fértil que pode fundar uma família.

**COM VIRGEM** Ambos apreciam a natureza e são bem simples em suas necessidades básicas de amor e atenção. Câncer tem a delicadeza que Virgem aprecia, e Virgem tem o discernimento de que Câncer precisa.

**COM LIBRA** Não raro o encontro de ambos resulta em casamento, porque comungam de valores tradicionais sobre relacionamento e família. O companheirismo é o que estabelece o vínculo.

**COM ESCORPIÃO** Se tornam íntimos e cúmplices, pois nadam nas mesmas águas, mesmo que Câncer seja mais doce e Escorpião tenha um sabor amargo.

**COM SAGITÁRIO** Conectam-se na visceral necessidade de pertencer, mesmo que Câncer tenha dificuldade de lidar com o imprevisível Sagitário, que pode se sentir sufocado com o sentimentalismo de Câncer.

**COM CAPRICÓRNIO** Câncer consegue dissolver a resistência de Capricórnio, envolvendo-o em amor e compreensão. Capricórnio se sente especial por prover a estrutura de um lar.

**COM AQUÁRIO** Uma dinâmica complexa entre o sentimento dependente de Câncer e o desapego ideológico de Aquário. Mas em algum nível pode ser inspirador.

**COM PEIXES** Em total entendimento romântico, se absorvem um no outro e vivem de imaginação. Mas podem ter certa dificuldade de lidar com as agruras do dia a dia.

## EROTISMO DE CÂNCER

Seios, mamilos, piercing, grampos, beijo, lambida, chupada, coito nos seios, pessoas mais jovens, pessoas mais velhas, estrelas pornôs, bailarinas, alunos, gravidez, amamentação, lua cheia, ninfomaníacos, submissão, ficar por baixo, cama dos pais, cama do casal, papai e mamãe, quarto de hotel, venda nos olhos, coleira, sexo no banho, sexo na banheira, felação, colo, dormir de conchinha, corpos roliços, gordura corporal

## PERSONALIDADES DE CÂNCER

Gisele Bündchen, Tom Cruise, Harrison Ford, Tom Hanks, Fernanda Lima, princesa Diana, príncipe William, Camila Parker Bowles, Ringo Starr, Franz Kafka, Antoine de Saint-Exupéry, Giorgio Armani, Nelson Mandela, Meryl Streep, Courtney Love, Pamela Anderson, Anjelica Houston, Gilberto Gil, Grazi Massafera, Mike Tyson

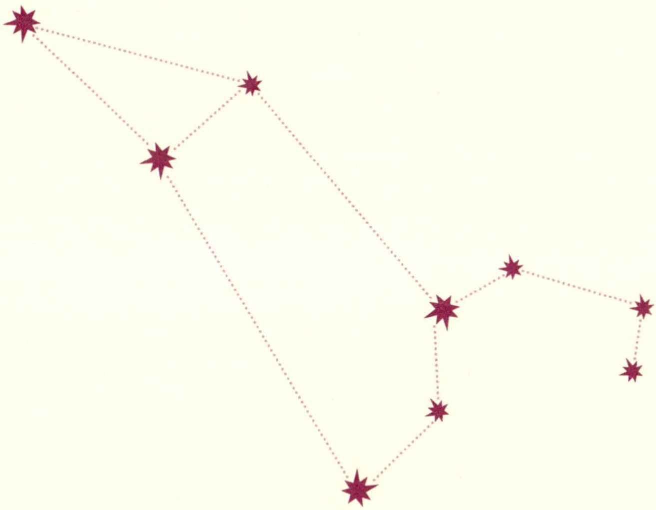

# LEÃO

**ELEMENTO** Fogo • **MODALIDADE** Fixa • **REGENTE** Sol

Simplesmente o máximo — é assim que Leão, homem ou mulher, se considera e é assim que espera ser considerado. Não poderia ser diferente para o signo que é regido pelo Sol, única estrela de nosso sistema planetário e que inclusive lhe conferiu o nome. Não fosse o Sol, nós não existiríamos, a esse astro sublime devemos nossa vida, e Leão espera ser amado com a mesma devoção, sendo reconhecido pelo seu valor que é de direito divino. Se por algum motivo o nativo de Leão não goza de uma boa autoestima, há alguma questão a ser investigada em seu mapa astral, porque é da sua natureza vestir a coroa. Leão já nasce imbuído da confiança de que o trono será seu, seja porque é herdeiro legítimo de um "reino" (entre aspas porque o tamanho e o valor de sua herança são subjetivos), seja porque assim lhe diz um senso inato de legitimidade. Mas isso não quer dizer que todo Leão seja estimulado desde cedo em sua autoconfiança. É comum que a criança de Leão seja essencialmente machucada em seu amor próprio (por papai ou mamãe, mais comumente pelo primeiro) e precise desenvolver seu potencial por conta própria.

Ao contrário do que costumam caluniar por aí, não é do feitio de Leão ficar fazendo de tudo para chamar atenção, simplesmente porque a cena já é sua. O exibicionismo de que é frequentemente acusado não passa de espontânea manifestação de sua magnífica personalidade. Em essência, Leão leva a vida como um rei, entendendo o mundo como sua área de recreação. Leão quer mesmo é brincar, e pena de quem não entende. Mas é claro que nem todos os leoninos se colocam no centro das atenções sociais: há exemplares mais discretos, mas mesmo estes fazem questão de estar no centro de alguma coisa, cada qual com seu castelo particular. De qualquer maneira, ambição é o que não falta a Leão, que quando quer alguma coisa tem uma convicção inabalável de que ela já é sua. Neste ponto há variações entre o homem e a mulher do signo. O homem é um líder nato e por isso não se esforça para conquistar nada, se comportando como se sua presença já inspirasse os outros a agir sob seu comando e abrir passagem para ele. Já a mulher, como uma leoa, sabe conquistar amigos e ir exercendo influência enquanto ganha tempo, não temendo se abaixar até chegar o momento de atacar, quando se assume como a fêmea alfa que é.

Mas Leão é sempre muito honesto sobre suas intenções, dificilmente se portando com falsidade, mesmo que este seja o signo do teatro, um paradoxo interessante. É que para Leão o teatro é mais uma brincadeira que se adapta perfeitamente ao seu modo imaginativo e ritualístico de lidar com a vida, entusiasmando sua mobilização para as atividades mais simples do dia a dia. Mas se não for para subir no palco, Leão não consegue fingir ser o que não é nem gostar de quem não gosta, sua espontaneidade é sempre maior do que qualquer pretensão de dissimulação. Por isso pode ser bem fácil lidar com Leão: basta venerá-lo. Não é tão difícil assim quando se tem amor, e Leão não aceita menos que isso. Veja bem que venerar é diferente de bajular, porque embora Leão possa obter vantagens dos puxa-sacos, estes não lhe inspiram estima. Aliás, em seus momentos mais sádicos, Leão pode estimular o interesse dos outros só para depois rechaçá-lo. Todo Leão faz isso com alguém, nem que seja num nível humilde, com aquela pessoinha que, não importa o que sua majestade faça, está ali como um bobo da corte. É como um gato sacaneando um ratinho, um esporte que precisa ser praticado de vez em quando e que lhe dá muito prazer.

Mas quando alguém o trata com verdadeira paixão e — ponto importantíssimo — esse alguém é também venerável, aí sim Leão fica à vontade para ser e estar junto. Afinal, o amor de Leão é o da admiração mútua, ele não quer ao seu lado quem não compartilha as suas espetaculares virtudes: criatividade, autoconfiança, coragem, carisma, dignidade, lealdade. Se Leão é o rei, só pode amar uma rainha — e entenda aqui a metáfora independente do gênero e orientação sexual do nativo. Leão não se apaixona fácil, mas quando acontece ele vive o mais nobre sentimento, motivado por forte emoção. É romântico à moda antiga e, acredite se quiser, é superadepto da monogamia, podendo ser obsessivo na defesa desse status intocável que não raro se constitui num matrimônio. Enquanto não encontra um consorte à altura, Leão não fica com qualquer pessoa, o que não quer dizer que não fique jamais com ninguém nem que seja por uma diversãozinha básica — e para satisfazer a sua fome, é claro. Mas é surpreendente como os leoninos são capazes de praticar a abstinência se não julgam uma experiência como merecedora da sua atenção.

Para Leão o sexo é divino e, se não tiver coração, é vazio. É que no corpo o Sol rege o coração, então tudo o que Leão faz leva essa marca de valentia. Leão é o verdadeiro herói e todas as suas conquistas são épicas, ele não pode perder tempo com passatempos inúteis. Mas, até que entregue seu coração, Leão pode submeter os candidatos à sua afeição a provas de fogo, avaliando a capacidade de doação emocional e disposição em acatar sua dominância. Amor à primeira vista? Pode acontecer, mas nem por isso Leão deixa de testar para ver se vale. O homem de Leão pode chegar a estimular uma verdadeira disputa pelo seu amor, se regozijando quando a competição pega fogo. Ganha quem for igualmente faminto de poder, forte o suficiente para estar ao seu lado em público e um tanto vulnerável na intimidade para que ele possa ser protetor. Já a mulher de Leão pode ser tão audaciosa que inibe os outros, mas é comum que faça a cena da suavidade até que possa expor sua ferocidade. A leonina é extremamente passional, o que pode soar aos candidatos como agressão emocional quando na verdade ela é uma romântica predadora. Ganha quem ficar impassível diante dos seus dramas sem se deixar dominar, mas aquiescendo à sua força.

Em ambos os sexos, Leão é ciumento, duvide do contrário. Basta uma ameaça boba para Leão mostrar as garras, e ele considera a traição um crime. Mas Leão também gosta de demonstrações de ciúme da parte do ser amado, parece que se sente mais valorizado. A medida dessa demonstração varia para cada um; nem todos gostam de um escândalo que manche sua reputação. De qualquer maneira, seu coração de ouro é agraciado pelo desafio da conquista como respeito ao valor do candidato. Em outras palavras, não entregar o jogo de mão beijada ao rei Leão costuma surtir um efeito poderoso. Embora Leão preferisse não reconhecer ninguém como páreo, é bom que desça um pouquinho do pedestal no que concerne ao amor, caindo na real sobre a constante necessidade de investimento emocional para que uma relação dê certo, pois na prática as coisas não são como nas sagas heroicas. E é quando se empenha que Leão vibra na sua própria frequência de que quem vence são os mais fortes.

A sua expressão sexual é natural e pouco afeita às perversões que dominam o mundo. Para Leão, sexo é extravasar o instinto. No que tem de criatividade em outras áreas da vida, no sexo pode carecer de inventividade para mudar posições e cenários. Leão não se importa com isso desde que haja paixão, mas dependendo do signo do parceiro isso pode ser um problema. E Leão adora parceiros excêntricos! Seu complemento no zodíaco é Aquário, o signo simbolizado pelo aguadeiro, aquele que serve néctar aos deuses, e cujos nativos costumam desempenhar bem o papel de orbitar majestades. Ao contrário de Leão, o desejo sexual de Aquário é tão fora do padrão que vale todo tipo de performance. Não é que Leão tenha que se relacionar com Aquário, mas ele curte parceiros que tragam novidades, inclusive para o quarto. A Leão não falta vigor; ele é aliás o signo mais incansável, podendo viver só de sexo e sono, alternando maratonas com sexo vagaroso e repleto de carícias, capaz de sustentar o tesão por muito tempo enquanto vai contabilizando orgasmos. Não costuma esperar muito para ir para a cama, até para testar o potencial do outro, já que uma foda fenomenal — segundo sua concepção — é imprescindível para investir num relacionamento. Mas, mesmo assim, num primeiro encontro dedica-se extraordinariamente para maravilhar na primeira impressão.

Para conquistar Leão, a sedução deve ser constante. Essencialmente bem-humorado, Leão pode ficar insuportável quando desautorizado, desestimulado, rejeitado ou derrotado. No modo tirânico Leão também não é nada legal. Como seus sentimentos não são fugazes e quando se envolve é de uma intensidade única, Leão custa a admitir o fracasso de uma relação. Relacionamentos para Leão são seriíssimos. Mas se acontece de se apaixonar por outra pessoa, vai simplesmente embora, movido pelo ardor. Porém, se é abandonado, o rancor pode ser eterno. Leão não admite não ser a experiência sexual e amorosa mais sensacional da vida do outro. Quando o encontro acontece e é um êxtase para ambos, Leão é o companheiro mais leal que existe, que oferece o amor mais sincero e mais real, do tipo que é mais difícil de encontrar.

## ENCONTROS ASTRAIS DE LEÃO

**COM ÁRIES** Paixão fulminante que tem potencial para ficar séria. Ambos compartilham da expectativa de uma grandiosa vida em comum. Podem competir, mas na maioria das vezes o jogo é saudável e criativo.

**COM TOURO** Há uma tensão emocional de forte apelo sexual. Ambos são teimosos e esperam ser venerados pelo outro, mas Leão é muito centralizador e ambicioso, enquanto Touro resiste e rumina.

**COM GÊMEOS** Sabem se divertir juntos e isso é um fator de união muito forte. Gêmeos adora o magnetismo de Leão, fica em volta que nem bichinho da luz. Leão aprende a flexibilizar com Gêmeos.

**COM CÂNCER** É como o casamento do Sol e da Lua, estão sempre em busca um do outro. Câncer interioriza, Leão extravasa. Combinação criativa e fértil que pode fundar uma família.

**COM LEÃO** Dois egos tão brilhantes cabem na mesma casa? Sim, quando dão origem a uma estrela ainda maior em sua proposta criativa. Não, quando um quer ofuscar o outro.

**COM VIRGEM** Virgem está em busca de alguém a quem se submeter em adoração e para isso Leão pode ser o par perfeito. Ambos apreciam a estabilidade e sexualmente se entendem bem.

**COM LIBRA** Leão se sente estimulado pelas ideias progressistas de Libra, que por sua vez encontra em Leão uma ótima oportunidade de se colocar como o consorte de uma grande e influente personalidade.

**COM ESCORPIÃO** Há um inevitável jogo de poder que tanto excita quanto estressa a ambos. A relação é como um vulcão sempre prestes a entrar em erupção.

**COM SAGITÁRIO** Encontro apaixonado entre dois egos que querem dominar a situação, mas que podem se entender em sua megalomania. Sagitário traz o conceito, Leão dramatiza.

**COM CAPRICÓRNIO** Formam um casal poderoso e ambicioso. Juntos funcionam como um trator demolindo obstáculos e erguendo estruturas sólidas. Mas na intimidade batem bastante de frente.

**COM AQUÁRIO** Leão é o sol que Aquário deseja orbitar, embora o faça com simultânea adoração e rebeldia. É que Aquário precisa questionar e revolucionar o absolutismo de Leão.

**COM PEIXES** O encontro é inspirador. Eles se entregam às fantasias e vivem em mútua veneração. Mas Peixes pode ser um tanto escapista para a teimosia de Leão.

## EROTISMO DE LEÃO

Adoração, tesão explícito, exibicionismo, súplicas, amassos, admiração mútua, sexo ao ar livre, atividades físicas, calor, suor, sexo vigoroso, massagem, beijos apaixonados, pegar com força, jeans e camiseta, depilação, barba por fazer, higiene, luta livre, flerte, sexo filmado, modelos, joias, ídolos, artistas, celebridades, rock stars

## PERSONALIDADES DE LEÃO

Caetano Veloso, Mick Jagger, Ney Matogrosso, Pina Bausch, J. K. Rowling, Madonna, Mata Hari, Gloria Pires, Preta Gil, Coco Chanel, Madame Blavatsky, Jacqueline Kennedy Onassis, Monica Lewinsky, Fidel Castro, Napoleão Bonaparte, Sean Penn, Bill Clinton, Charles Bukowsky, Antonio Banderas, Carl Jung, Hitchcock, Leonardo (cantor sertanejo)

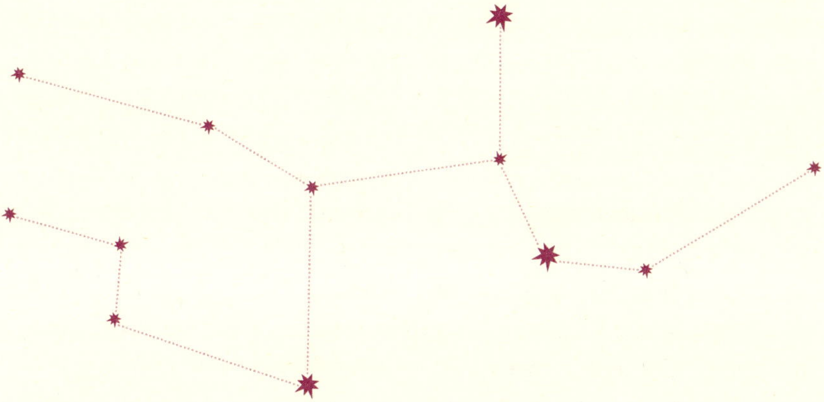

# VIRGEM

**ELEMENTO** Terra • **MODALIDADE** Mutável • **REGENTE** Mercúrio

A qualidade deste signo é a da pureza, o que se expressa de muitas maneiras na vida do nativo, desde a capacidade de análise minuciosa até a mania de limpeza. Virgem é um signo de que as pessoas adoram falar mal por causa de seu perfeccionismo, porque pode ser mesmo difícil lidar com sua crítica. Mas acredite, é ainda mais difícil para o próprio nativo de Virgem lidar com sua autocrítica. Virgem exige demais de si mesmo e talvez por isso precise lidar com o mundo com a mesma cobrança, como se a vida fosse uma contínua crise. Mas, compreendida pela perspectiva do aperfeiçoamento, a vida pode ser uma transformação substancial e permanente.

Virgem pode sofrer de um complexo de inferioridade que o predispõe a se diminuir mesmo quando realiza feitos grandiosos ou recebe elogios — experimente dizer como ele está bonito para ver se não responde algo como "Imagina, essa roupinha tão sem graça...". O.k., estou exagerando um pouco, mas é verdade! Se for comparar com certas divas virginianas do show business, pode parecer que estou falando bobagem, mas aposto que quem convive com elas na intimidade sabe o quanto fazer aquilo tudo é uma provação, e elas nunca estão satisfeitas. Virgem dificilmente relaxa, nunca acha que está bom o suficiente e, em casos mais graves, nunca está preparado nem para começar e fica só no desejo, se contentando com uma condição aquém das suas capacidades. Mas ser do signo do serviço não tem nada a ver com incompetência, muito pelo contrário: Virgem é a eficiência em pessoa. Tanto que às vezes assume a parte dos outros no trabalho por considerar que ninguém mais conseguiria fazer tão bem-feito... e lá vai Virgem se escravizar por sua própria conta, entende?

O regente de Virgem é Mercúrio, o planeta da comunicação, o mesmo de Gêmeos. Para este signo isso é fácil de entender, já que os geminianos são feitos de informação e movimento. Mas os virginianos também são maníacos por informação, só que de maneira ainda mais profunda. Virgem trata da discriminação, não no sentido do preconceito — embora possa ser, porém não é o signo que determina o caráter de ninguém —, mas no de discernimento, classificação e filtragem. Então Virgem está sempre distinguindo as coisas segundo suas funções específicas e questionando utilidades. Isso serve a um propósito ao mesmo tempo prático e sublime: a transformação. Mercúrio como regente de Virgem é o próprio Hermes alquimista. Virgem é superprodutivo. Infelizmente nem todos os nativos realizam seus próprios desejos por causa daquele probleminha da falta de autoconfiança, daí este ser um signo que se coloca tão bem como prestador de serviços. Mas quando tem confiança em seu potencial, Virgem não poupa tempo e esforço para conquistar o que deseja. É a formiguinha do zodíaco, sabe que é nos detalhes que se realiza uma grande obra. Esse modus operandi é coerente com sua necessidade de segurança para se movimentar; não adianta Virgem dar um passo maior que a perna se não aguenta a pressão. É um signo metódico.

No que diz respeito ao amor, a abordagem de Virgem é exatamente a mesma: cautelosa. Este é mais um signo em que a diferença entre a expressão masculina e feminina pode ser marcante. Em essência, Virgem é um signo feminino, inclusive é o único simbolizado pela figura de uma mulher. É a figura da sacerdotisa sagrada, representante da deusa na Terra. O nome Virgem não vem da castidade pela qual o compreendemos, mas de "dona de si mesma". As sacerdotisas eram mulheres que não se casavam com ninguém, mas com deus e a natureza. Tudo a ver com a ideia de purificação do corpo e da alma. Interessante que a questão da submissão seja uma expressão do signo, que se disponibiliza a servir de alguma maneira, o que compreende como um ofício sagrado. Entenda que o complemento de Virgem é Peixes, o próprio signo da espiritualidade que perpassa e transcende a matéria. A Virgem cabe a função de materializar as inspirações.

Mesmo o homem de Virgem é feminino, o que não quer dizer que seja gay, mas que é confuso quanto à sua profunda sensibilidade, muitas vezes sem saber o que fazer com ela. Na maioria das vezes é um sujeito modesto e despretensioso, algo rústico mesmo em condições abastadas, mas pode ser também um obcecado pelo trabalho e realizações mundanas como status, dinheiro, poder e imagem — cabe questionar se essa não seria uma tentativa de se valorizar num mundo no qual se sente desprestigiado pela falta de uma potência mais agressiva. O homem de Virgem mantém uma postura impenetrável, o que pode tanto despertar a curiosidade dos outros como desestimular a aproximação. Ele tem certo cinismo no que se refere aos relacionamentos, teme convulsões emocionais e prefere criar vínculos nos quais possa exercer certo controle, obviamente custando a se envolver com alguém. Isso significa medo de intimidade — sabemos que de perto ninguém é normal! E o homem de Virgem pretende moldar a pessoa com quem se relaciona segundo seu ideal de perfeição. Por isso pode ser bem paternal e precisa se relacionar com quem se permita ser analisado e aprimorado.

Já a mulher de Virgem é a própria Mãe Terra. Igualmente despretensiosa, mas essencialmente uma força feminina: generosa e protetora. A virginiana, quando jovem, é natural e acessível, discreta mesmo em seus momentos mais chamativos, uma autêntica boa moça, mesmo que tente se projetar como ovelha negra da família. Na verdade, ninguém é capaz de adivinhar o que realmente se passa na sua cabecinha. Mesmo com toda a sua naturalidade há uma aura de misticismo em volta dela. Parece despida de ambições, imaculada e disposta a ser preenchida, e é isso mesmo que ela quer: vive pronta para se entregar a quem estiver disposto a venerá-la. A princípio é uma filhinha da mamãe, mas nenhuma outra mulher encarna tão bem a santa e a puta. É como uma gueixa: está no mundo para agradar. Pode se atrair por tipos imaturos que tenham medo de não estar à altura de suas expectativas; ela causa certo constrangimento nos pretendentes. É como se algo ali já sugerisse o quanto pode crescer.

Madura, a virginiana é uma mulher de substância que inspira admiração e temor no coração dos outros, que usa sua percepção para cortar o que não se adapta à sua visão sublime e para aperfeiçoar o que é digno de investimento. Mas enquanto vive insatisfeita pelo que ainda não realizou, a mulher de Virgem pode ser muito difícil de lidar. Às vezes assume uma postura mais crítica perante os outros, como se cuidar dependesse dessa correção, e nisso ela pode ser mais dura. Ela pode se sentir mais plena em relacionamentos com pessoas que não precisem de ajustes, pois assim pode se entregar inteiramente à sua feminilidade, sem tensão. Quando aceita a natureza das coisas e das pessoas, a virginiana é querida, prestativa e irrepreensível, oferecendo seus dotes e a percepção sensível com a delicadeza de que as pessoas precisam para se tornarem melhores.

Daí pode se supor que a fantasia da submissão seja atrativa para ambos os sexos, à diferença que a mulher de Virgem tende a ser mais sexual que o homem. A mulher de Virgem é uma carente sexual, anseia por entregar-se a quem possa fecundá-la de gozo. Com o seu jeitinho inocente, em muitos casos puritano — ou mesmo quando explicitamente desejosa —, ela desperta impulsos libidinosos e protetores, e levá-la para a cama tem um clima de pecado que perturba. Mas no fundo, mesmo com todo esse desejo de entrega e todas as experimentações da juventude, ela tem dificuldade de fazê-lo, e é com o tempo e a experiência que se sente à vontade para se soltar de suas próprias repressões.

Enquanto isso, o homem de Virgem costuma ter muita destreza erótica e empatia com as necessidades da parceira — preste especial atenção à sua habilidade com as mãos — e é capaz de oferecer muito prazer sensual enquanto ele mesmo tem que se entender com seus bloqueios para receber agrados. O homem de Virgem funciona melhor quando se desliga de seu controle mental e assume sua porção instintiva. Em outras palavras: quando permite extravasar sua rudeza. O que não significa que perca a delicadeza nem a capacidade intelectual, jamais. Ele faz o tipo que atrai pela inteligência afiada, mas no fundo desperta nos outros o tesão de corrompê-lo, rebaixá-lo do pedestal até que ele se entregue.

Relacionar-se com Virgem, homem ou mulher, requer sensibilidade, pois este signo precisa relaxar para se envolver numa aura mística. Mergulhar é tudo que Virgem anseia, e seu parceiro de alguma maneira deve ter essa qualidade fluida e sentimental. Virgem tem fantasias lascivas enterradas no fundo de seu psiquismo, como a memória de uma época em que os humanos estavam mais integrados à natureza e não serviam mais ninguém além de um deus de verdade, e não a outros homens que se dizem deuses. Relacionar-se intimamente com Virgem é estar disposto a acessar esse tesouro protegido por camadas de conceitos e julgamentos morais muitas vezes severos, tudo com muita suavidade até que essa essência esteja confortável para se manifestar. Dependendo do estilo de vida e da maturidade do nativo de Virgem em questão, essa ligação entre corpo e espírito já pode estar mais bem desenvolvida, o que facilita bastante as interações românticas. Relacionar-se com Virgem é também deixar-se melhorar. Quando há esse entendimento, estar com Virgem é como uma cura, garantia de cuidado dedicado. Virgem precisa que precisem dele. Ofereça-lhe isso e receberá o céu.

## ENCONTROS ASTRAIS DE VIRGEM

**COM ÁRIES** Funciona quando Áries se deixa ser administrado por Virgem, que tem um apelo natural que desperta instintos libidinosos em Áries. Mas as necessidades de ambos são quase sempre contraditórias.

**COM TOURO** Se entendem na necessidade de pisar em território seguro, a atração mútua é coisa de pele. Mas ambos estão preocupados demais com o trabalho para só depois aproveitar os prazeres.

**COM GÊMEOS** Os dois signos regidos por Mercúrio podem ter dificuldade de comunicação entre si. Virgem é detalhista, Gêmeos é disperso. Mas aprendem muito um com o outro.

**COM CÂNCER** Ambos apreciam a natureza e são bem simples em suas necessidades básicas de amor e atenção. Câncer tem a delicadeza que Virgem aprecia, e Virgem tem o discernimento de que Câncer precisa.

**COM LEÃO** Virgem está em busca de alguém a quem se submeter em adoração e para isso Leão pode ser o par perfeito. Ambos apreciam a estabilidade e sexualmente se entendem bem.

**COM VIRGEM** Os dois são igualmente críticos e exigentes e, se por um lado podem se compreender, por outro podem ficar presos em suas neuroses. O ambiente emocional pode ser meio árido, precisa de doçura.

**COM LIBRA** Têm um diálogo honesto e inteligente, uma troca terna e produtiva. Mas podem pecar pelo convencionalismo e pela falta de entusiasmo. Virgem não gosta da hesitação de Libra.

**COM ESCORPIÃO** Escorpião tem uma densidade emocional e sexual que satisfaz Virgem em muitos sentidos. Um certo temor do amor alimenta a fome dominadora de Escorpião e a submissão de Virgem.

**COM SAGITÁRIO** Virgem adora ser útil para Sagitário, que se regozija em abusar de Virgem. Funciona melhor quando Sagitário permite ser aperfeiçoado por Virgem e este se permite se soltar.

**COM CAPRICÓRNIO** Ambos se sentem confortáveis em criar regras para o relacionamento e não discutem quanto a isso. Mas, apesar da segurança, divergem na expressão dos sentimentos.

**COM AQUÁRIO** É estranho e surpreendente quando funciona, em geral porque compartilham de algum interesse intelectual e, sexualmente, uma sensação de violação dá a liga.

**COM PEIXES** Peixes se infiltra com suavidade no psiquismo de Virgem, que se entrega. Virgem dá a forma de que Peixes tanto precisa e organiza sua vida. É um elo espiritual entre o sagrado e o profano.

## EROTISMO DE VIRGEM

Preliminares, delicadeza, toque, carícias, massagem, natureza, prostituição, cultos religiosos, rituais pagãos, putas, santas, funcionários, serviçais, executivos, terno e gravata, tailleur, médicos, enfermeiras, higiene, submissão, tortura, falsa identidade, tatuagem, humilhação, degradação, corselete, corpos magros, posição de quatro, calcinha e camiseta, camisola, virgindade

## PERSONALIDADES DE VIRGEM

Tony Ramos, Sean Connery, Beyoncé Knowles, Freddie Mercury, Michael Jackson, Hugh Grant, Macaulay Culkin, Jeremy Irons, Paulo Leminski, Julio Cortázar, Ronaldo Nazário, Sophia Loren, Stella McCartney, Agatha Christie, Fátima Bernardes, Madre Teresa de Calcutá, Alessandra Negrini, Luana Piovani, Luciano Huck

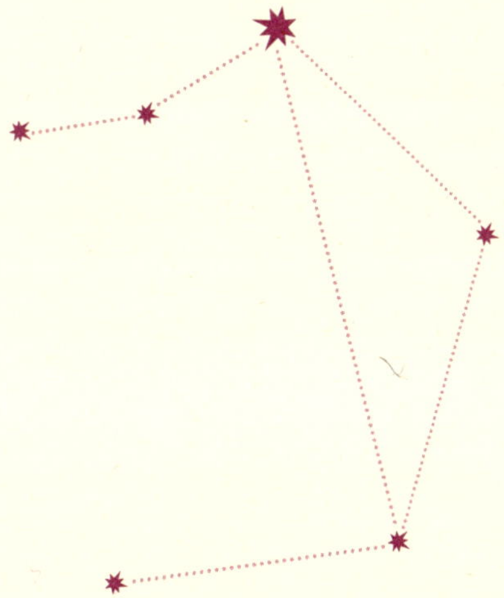

# LIBRA

**ELEMENTO** Ar • **MODALIDADE** Cardinal • **REGENTE** Vênus

Sétimo signo de doze, Libra apresenta o outro lado do zodíaco, a partir do qual começamos a entender do que se trata a complementação. Um signo só pode ser compreendido à luz de seu extremo oposto — ou seria melhor dizer "à sombra"? Se em Gêmeos já fomos apresentados à dualidade, na balança de Libra vamos considerá-la em sua equivalência — atenção a esse termo, porque se confunde muito o princípio associado a esse signo com a igualdade. Ora, de fato Libra tem tudo a ver com a justiça, e a igualdade, neste caso, é de direitos. Mas Libra reconhece que as partes envolvidas são diferentes e por isso está mais interessado, em alguma medida, em que ambas sejam respeitadas em sua individualidade. De qualquer maneira, trata-se da percepção de si através de um outro, por isso este é o signo associado aos relacionamentos.

Libra é o primeiro signo a dizer "nós", em contraposição ao seu complemento Áries, que diz "eu quero" e, de preferência, "eu primeiro". Libra também sabe proclamar na primeira pessoa, mas diz "eu equilibro". Daí se pode supor que Libra é aquele que faz as concessões para que um relacionamento seja possível, o que é o seu grande talento, mas também sua ruína. Libra harmoniza, é diplomático, parece que está sempre numa negociação — não há signo que goste mais de discutir relacionamento! É ao mesmo tempo advogado, pois tem argumentos a defender, e juiz, pois tem diretrizes a afirmar. Mas isso porque está sempre em busca de entendimento. É provavelmente o signo que inventou a democracia. Libra acredita no AMOR em letras maiúsculas, mais como um preceito universal do que uma expressão pessoal; é acima de tudo uma crença fundamentada em sua visão idealizada de mundo.

Assim como Touro, Libra é regido por Vênus, mas aqui a deusa da beleza é menos carnal e mais etérea, menos prática e mais conceitual. Libra é sobretudo a estética, e para o nativo a vida é uma tela em branco a ser pintada. Libra está aí para fazer arte; quanto ao talento específico, pode ser qualquer um, porque tudo pode ser poesia, e Libra se compraz em criar. O meio depende da necessidade do momento. Se não puder fazer por si mesmo, pode ser o diretor de criação de uma equipe, instruindo segundo seus parâmetros de qualidade e desempenho. Pode ser também o relações-públicas ou agente que cuida da divulgação do talento dos outros. Libra é um livre-pensador, um intelectual que professa princípios, filosofias e crenças liberais. É platônico em suas interações porque prefere enxergar os outros sob seus aspectos positivos passíveis de aprimoramento. Resumindo, Libra é sempre um ser apolíneo, e o custo de toda essa elevação é ignorar suas próprias obscuridades, que cedo ou tarde reclamam atenção.

Assim, é meio óbvio o quanto o relacionamento é fundamental para o nativo de Libra, não é? Libra precisa de um outro que lhe sirva de espelho, através do qual ele possa ser aquilo para o que está destinado: um grande parceiro. Claro que para estar ao seu lado não serve qualquer um, ainda que o nativo de Libra seja possivelmente o mais namorador do zodíaco — não como um dom-juan, mas porque não gosta de ficar sozinho e costuma sair de um relacionamento já tendo outro em vista. É possível que Libra namore sem estar apaixonado, até porque este é um signo racional do elemento ar que não gosta de perder a cabeça por ninguém. Para Libra, não há menos valor em estar com alguém por outros motivos além da chama ardendo no peito, motivos que podem até ter mais valor para estabelecer uma parceria de verdade, como a afinidade estética e intelectual e a disposição de manter uma troca equiparada. Libra tem necessidade de um relacionamento estável. Estranhe se o nativo estiver há muito tempo solteiro, porque aí tem treta. Libra tem o dom de desenvolver o potencial dos outros para se relacionar. Sabe aquela pessoa cujo jeitinho agradável facilita tudo?

Ué, mas Libra não é romântico? Pode ser, até porque tem um quê de Cupido — ô signo danado para casar os outros! —, mas em essência trata-se mais de uma idealização do sentimento amoroso do que sentimentalismo. Para Libra o amor é um encontro de mentes, ele deseja se unir a alguém que pense em evoluir, mas de preferência que seja também bem independente, já que seu complemento é o individualista Áries. Não é que todo Libra tenha que ficar com Áries, mas pelo menos com alguém que seja voluntarioso, ou seja, alguém que parta para a conquista, porque Libra gosta mesmo é de seduzir. E que se inflame com suas ideias, para que cresçam juntos, cada um a seu modo. Libra tem esse ideal de relacionamento complementar entre dois indivíduos e por isso gosta de pessoas autossuficientes. Não pretende que a relação se estabeleça numa dinâmica de codependência, mas corre o sério risco de que isso aconteça porque acima de tudo o seu temor é desagradar, então é comum se anular para não ser rejeitado.

É mesmo difícil encontrar o equilíbrio entre autonomia e cooperação, e parece que o desafio de Libra é chegar a esse acordo íntimo. Quem disse que só por ter nascido sob o signo da balança todo libriano é equilibrado? Mas é sem dúvida o signo que está mais consciente dessa busca, e por isso é o primeiro a erguer a bandeira branca quando há briga. Isso muitas vezes se trata de um sufocamento de sua própria agressividade, que ele não permite expressar porque vai contra os seus princípios. Por isso sua atitude mais comum é ficar em cima do muro. Sua enorme dificuldade de fazer escolhas se deve ao reconhecimento da lei de causa e efeito; a tal balança que é o único símbolo inanimado do zodíaco tem sua conotação cármica, e na prática a justiça nunca pode repor uma perda a não ser por alguma compensação. Libra está sempre medindo seus atos, mais por medo da consequência do que por falta de vontade. Esse é seu engodo porque ele sabe muito bem o que quer: ficar de boa! Acontece que às vezes ficar bem com os outros significa abdicar de sua própria vontade, e nem sempre isso é ficar bem consigo — não seria este o grande dilema dos relacionamentos humanos? Não seriam os relacionamentos o grande carma da humanidade? Libra teme esse dilema, mas dentre os nativos há os que se relacionam melhor com esse desafio do que outros.

É normalmente quando se dá conta do quanto cedeu sem ser reconhecido que o lado sombrio de Libra emerge, e aí a sua faceta justiceira pode adquirir uma qualidade furiosa. Não se surpreenda: Libra pode perder as estribeiras, embora seja mais comum que se deprima. Um desequilíbrio radical acontece mais com as mulheres do que com os homens, porque estes de alguma maneira racionalizam até a própria insatisfação ou raiva. Por mais que no dia a dia prefira ser Amélie Poulain, em condições extremas a mulher de Libra é capaz de arrasar com alguém, no mínimo usando sua inteligência cortante, quiçá tendo um surto de ira. Ela já traz em si certa qualidade feiticeira que será mais bem desenvolvida pela mulher do signo seguinte, Escorpião. Cá entre nós, toda essa contenção emocional tem seu preço, e Libra é o signo do borderline. Sejamos francos também quanto ao ar de altivez do signo, destoando ligeiramente de sua própria pretensão igualitária por não conseguir esconder que se sente superior aos demais em toda a sua capacidade de entendimento. Talvez seja por isso que, quando pressionada ao nível insuportável, a libriana praticamente enlouquece. Isso acontece mais quando a temática é amorosa do que em qualquer outra situação na vida: é a traição ou a rejeição que provoca tamanha alteração de consciência na nativa.

A libriana encanta; mesmo que não seja um ícone de beleza é rapidamente desejada. Mas ela não quer ser tratada como um objeto, quer ser reconhecida pelo intelecto. Por isso se mantém distante enquanto examina os pretendentes e decide se valem ou não. Ela não consegue evitar a imagem de que é para casar e em geral é aquela a quem logo se propõem compromissos mais sérios. Refinada, ela parece um amuleto de sorte e faz as coisas parecerem tão fáceis que pode incomodar as inimigas — ah, mas ela não tem inimigas... Aham. De qualquer maneira, é sociável, assim como o homem do signo, que pode inclusive ser mais festeiro. Sofisticado e eloquente, o homem de Libra é mestre do jogo de palavras, insinuações, ironias e duplos sentidos, mas é também muito esclarecido, urbano, um dândi. Ao contrário da mulher, nem sempre impressiona tão rápido, algo que vai sendo contornado pelo diálogo que ele pratica como esporte. Mas é possível que mantenha interações platônicas. O libriano se atrai mais pela beleza, preferencialmente clássica. Já a mulher prefere o conteúdo à forma.

Tanto a mulher como o homem de Libra estão mais interessados no compromisso de compartilhar uma vida emocional do que no sexo, o que não quer dizer que eles não gostem de sexo e que não tenham muito prazer no ato. Libra é supererótico, só que se trata mais de um conceito que de carne. Sua paixão está acima dos desejos lascivos do corpo e por isso o sexo não é emocionalmente carregado. Libra é tântrico, e não há signo que aprecie mais o Kama Sutra. Seu lance é com as posturas e as respirações — seu elemento é o ar — que proporcionem um clima transcendente e belo. Libra também adora travestir-se de um personagem, até mesmo do sexo oposto: na intimidade todo tipo de encenação é divertida e desejada. Aliás, só a título de curiosidade: já reparou que Libra adora adotar um alter ego? Pense nos librianos que você conhece e confira se não são mais lembrados por uma alcunha. Faz parte do seu gosto pela caracterização. Para Libra, até o sexo deve ser uma obra de arte, e o relacionamento com um nativo do signo é moldado para suscitar a admiração dos outros: "Que casal!".

## ENCONTROS ASTRAIS DE LIBRA

**COM ÁRIES** São como o mítico casal Vênus e Marte, diferentes mas absolutamente atraídos um pelo outro. Verdadeiros aliados, conseguem conjugar forças pelos objetivos em comum.

**COM TOURO** Ambos os signos são regidos por Vênus. Libra apresenta a Touro experiências eróticas mais elaboradas. Mas Touro é prático e Libra é conceitual, e o vínculo emocional pode ser difícil de aprofundar.

**COM GÊMEOS** Ambos são sociáveis, agradáveis e compartilham várias afinidades, entre amigos e interesses. Juntos desenvolvem muitas ideias, são criativos. O sexo é leve e gostoso.

**COM CÂNCER** Não raro o encontro de ambos resulta em casamento, porque comungam de valores tradicionais sobre relacionamento e família. O companheirismo é o que estabelece o vínculo.

**COM LEÃO** Leão se sente estimulado pelas ideias progressistas de Libra, que por sua vez encontra em Leão uma ótima oportunidade de se colocar como o consorte de uma grande e influente personalidade.

**COM VIRGEM** Têm um diálogo honesto e inteligente, uma troca terna e produtiva. Mas podem pecar pelo convencionalismo e pela falta de entusiasmo. Virgem não gosta da hesitação de Libra.

**COM LIBRA** Convivem em harmonia, compartilham de interesses intelectuais e estéticos. O problema pode ser a normalidade da vida em comum, mas não se pode dizer que eles não gostem disso.

**COM ESCORPIÃO** Libra oferece a parceria que Escorpião precisa para aprofundar o lado emocional. Libra também contemporiza a intensidade de Escorpião. Gostam de ser um casal.

**COM SAGITÁRIO** Libra tranquiliza Sagitário, que se beneficia da inteligência de Libra. O diálogo de ambos pode ser produtivo em muitos sentidos, e sexualmente são abertos às novidades.

**COM CAPRICÓRNIO** Preocupados com julgamentos sociais, passam uma imagem de entendimento que nem sempre corresponde à realidade íntima, que pode sofrer com as inseguranças de ambos.

**COM AQUÁRIO** Pode-se dizer que têm uma afinidade quase perfeita. Libra se entusiasma com a excentricidade de Aquário, que se eleva com a beleza de Libra. O sexo é inventivo.

**COM PEIXES** Ambos têm uma visão artística da vida, e isso pode ser muito prolífico. Valorizam o casamento. Mas Libra é conceitual, enquanto Peixes é emotivo.

## EROTISMO DE LIBRA

Beleza, modelos, admiração, Kama Sutra, sexo tântrico, arte erótica, burlesco, striptease, artistas, travestismo, penetração lateral, voyeurismo, 69, spa, hedonismo, depilação, tatuagem, piercing, sofisticação, cuidados estéticos, moda, advogados, políticos, luzes acesas, jogos mentais, romance, declarações de amor, poesia, sexo entre amigos

## PERSONALIDADES DE LIBRA

Dita von Teese, Fernanda Montenegro, John Lennon, Hugh Jackman, Eminem, Gandhi, Pedro Almodóvar, Tarcísio Meira, Glória Menezes, Oscar Wilde, Truman Capote, Arthur Rimbaud, Gwyneth Paltrow, Brigitte Bardot, Catherine Deneuve, Monica Bellucci, Michael Douglas, Catherine Zeta-Jones, Margaret Thatcher, Kim Kardashian

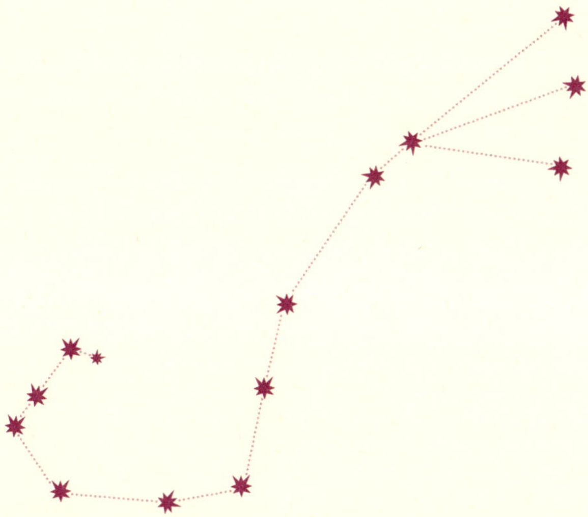

# ESCORPIÃO

**ELEMENTO** Água • **MODALIDADE** Fixa • **REGENTES** Marte e Plutão

Todo saber tem seus tabus, e na astrologia o signo que representa o sexo e a morte, temas difíceis de lidar, é Escorpião. Talvez seja por isso que, quando perguntam o signo de alguém e a resposta é "Escorpião", as pessoas façam aquela cara de temor. É senso comum e é também uma grande bobagem. Não que se relacionar com Escorpião seja fácil, longe disso! Mas é também transformador. Por trás do medo de lidar com as profundezas emocionais do signo há também o desejo de ir ao encontro do seu segredo, que é essa potência chamada libido.

Força criativa mas também destrutiva, a libido mobiliza o ser humano para tudo na vida, mesmo quando isso representa morte. Nada se cria, tudo se transforma: algum signo precisava assumir essa missão no zodíaco. Escorpião deseja e pronto, alguma coisa acontece. A questão é que Escorpião não revela suas motivações, por ser desconfiadíssimo em relação a tudo e a todos. Como parece ser dotado de uma visão de raio X que permite a ele enxergar tudo o que não está sendo mostrado, Escorpião prefere guardar para si o que sabe, consciente de que essas informações custam caro. Enquanto isso, vai averiguando o que fazer com elas. Não é de estranhar, portanto, que os outros evitem se aproximar, não apenas por medo de serem revelados, mas também de cair na sua armadilha e nunca mais se soltar. Pois é, relacionar-se com Escorpião tem esse risco: em seu silêncio ele vai tecendo a trama que atrai as coisas e as pessoas que deseja para si. Sua (segunda) intenção é mesmo tomar posse delas. É claro que Escorpião não pode revelar seus motivos obscuros; quem em sã consciência se entregaria à perdição?

Ah, mas há quem se entregue, e não são poucos. Em Escorpião a feitiçaria toma forma, e não é porque precise se valer de manobras ocultas, embora em muitos casos, sim. Mas porque tem o talento de captar e manipular o desejo dos outros até que convirjam com os seus. Se Escorpião introverte sua energia para o íntimo, é natural que se insinue no psiquismo dos outros até que eles se revelem por sua própria conta. Para isso não precisa de muito esforço, pois se vale do mistério: provoca sutilmente para em seguida esconder o jogo, "fazendo a egípcia" — estamos diante da esfinge! Escorpião sente uma secreta excitação em atormentar os outros, que acabam dando todas as respostas. Jogos mentais são seu passatempo favorito. Pode até ser que aja inconscientemente, mas duvide até mesmo do Escorpião com a carinha mais inocente. No fundo todos têm perfeita consciência do quanto elaboram a sedução.

Escorpião é investigador e astuto, o que não quer dizer que seja insensível. Ao contrário, sente até demais, e é por medo de sofrer que reluta tanto em fazer um investimento emocional. O que é um paradoxo, porque Escorpião sofre de qualquer maneira. O planeta da vontade, Marte, é seu regente tradicional, até que Plutão fosse descoberto na ocasião do desenvolvimento da bomba atômica, já em pleno século XX, e seu poder transformador fosse associado ao signo. Na mitologia romana, Marte é o deus da guerra, Ares para os gregos. Plutão é o mesmo deus do Hades, submundo dos mortos, aquele que para aparecer usa um capacete de invisibilidade. Por essa dupla regência, pode-se compreender a profundidade da sua potência: o zodíaco não conhece força de vontade igual. Passional é pouco para definir, mas se por dentro existe uma lava em ebulição, o exterior costuma ser gélido e impenetrável. Escorpião é o signo do poder enquanto instância, de uma ambição assustadora, o que pode se expressar nos afetos, mas também no campo profissional e nas finanças.

Quando não está apaixonado, pode ser cruel, porém quando apaixonado também! Escorpião pode usar uma pessoa para satisfazer suas necessidades sexuais quando não está a fim, e mesmo quando está superenvolvido pode torturar a pessoa amada até que ela se renda completamente. Escorpião assume total controle da situação, revira a cabeça do amante com seus avanços tímidos e recuos drásticos, aumentando a expectativa e fazendo o outro se contorcer de excitação e frustração. Para ficar com Escorpião é preciso encontrar a sua mente, porque ela é o meio de acesso à emoção. Mas é preciso aceitar que Escorpião é um espírito que jamais poderá ser penetrado, pois exige posse e prende pela fascinação. Escorpião só se envolve quando sente ao mesmo tempo uma atração psíquica e sexual. O tipo de relação que satisfaz Escorpião é um vínculo silencioso e confiante. Por isso o complemento do signo é Touro, outro que também testa seus pretendentes até assumir um relacionamento. Touro é o próprio labirinto que Escorpião precisa investigar, e no final pode encontrar a segurança de que tanto necessita. Qualquer que seja o signo, o parceiro de Escorpião precisa ser ao mesmo tempo o desafio e o conforto.

O homem de Escorpião é um tipo solitário mesmo quando se casa. Está sempre ensimesmado e é subversivo e intimidante, muito por causa do seu incontornável pessimismo niilista: todos vão morrer de um jeito ou de outro, embora ele tenha pavor de reconhecer que também será ceifado. Existe algo de desumano no homem de Escorpião e é isso que ele tenta esconder. É como se tivesse descido ao inferno e retornado, e continuasse a fazê-lo ao longo da vida. Um tanto insensível à interação humana, ele se apaixona por quem consegue desarmá-lo, e essas pessoas costumam ter certa pureza de sentimentos, algo como no conto da Bela e a Fera. Mas também acontece de ele se juntar a quem pensa de modo tão desvirtuado quanto ele. De qualquer maneira, está em busca daquele coração de ouro — Escorpião gosta de desenterrar tesouros. Ele pode ser de uma devoção absoluta, mas, mesmo assim, não consegue evitar tratar a pessoa amada como uma subordinada. Parece que precisa punir quem conhece sua vulnerabilidade, como se assim mantivesse o domínio. Ninguém pode feri-lo porque ele machuca mais. O escorpiano tem medo de expressar suas fantasias porque, pode acreditar, elas são assustadoras. Escorpião é o signo mais propenso ao sadismo. O homem, então, nem se fala.

A escorpiana é a própria mulher fatal, mesmo quando aparentemente tranquila. Não importa se seu apelo é abertamente sexual ou ingênuo, ela alcança suas ambições porque consegue que lhe abram o caminho. É uma feiticeira, transpira encanto feminino, mas ao mesmo tempo é totalmente fixada em si mesma, ainda que obcecada por alguém. A princípio mostra-se indiferente ao seu objeto de desejo, mas é assim que chama sua atenção e o induz a lutar por ela. O amor para a mulher de Escorpião só vale quando ela é venerada. O paradoxo é que até conquistar isso ela pode se envolver em relações com algum nível de degradação pessoal, mesmo que não o admita publicamente. Mas acontece de ela passar por alguma humilhação, nem que seja segundo seus rígidos conceitos de certo e errado, que abrangem a todos menos a si mesma. Tal qual uma fênix, ela ressurge das cinzas: é impressionante o seu poder de reinvenção. A mulher de Escorpião que se torna consciente de seu poder sexual não se perturba diante de circunstâncias inesperadas, não se influencia por adulações, não se magoa com ofensas e não desanima: ela simplesmente espera a ocasião de fazer alguma coisa pelo seu objetivo. Em essência, não tem nada de puritana. Uma educação repressora pode ter lhe deixado alguns nós, que ela vai ter que dar um jeito de soltar. Está sempre em busca do parceiro que será eterno, mas enquanto isso vai assumindo relacionamentos sérios e treinando. Não existe maior atriz que a escorpiana.

Por mergulhar nas profundezas dos amantes para desenterrar o que está oculto, Escorpião sempre melhora os seus parceiros, nem que seja ao provocar-lhes a dor que transformará tudo. Mas quando o vínculo profundo é assumido, Escorpião amorosamente extrai diamantes. Não importa em que condição tenha saído de um relacionamento com Escorpião, a pessoa sempre lhe pertencerá. E ai de quem sair tratando Escorpião mal, porque sim, é verdade, este é um signo vingativo. É verdade também que tem uma queda por trair, embora também atraia traições. Mas, a exemplo do animal que dá nome ao signo, em geral Escorpião se mata antes que isso aconteça. A energia sexual de Escorpião é aquela que os hindus chamam de Kundalini, a serpente que se mantém enroscada na base da coluna e que se eleva em êxtase. Ao contrário do que pensam os que praticam sexo indiscriminadamente, orgasmos casuais não têm nada a ver com a Kundalini. Parece que temos que encontrar Escorpião para saber.

## ENCONTROS ASTRAIS DE ESCORPIÃO

**COM ÁRIES** Uma relação sobretudo sexual, Áries se fascina pelo mistério de Escorpião. Emocionalmente, a combinação pode ser complexa, mas não conseguem se largar.

**COM TOURO** É uma aliança profunda. Escorpião se regozija com dominar a submissão de Touro. A necessidade que um tem do outro é obsessiva.

**COM GÊMEOS** Gêmeos fica fascinado pelo mistério de Escorpião, ninguém atiça sua curiosidade como esse signo. Vivem de fantasias sexuais. De resto, o diálogo é complexo.

**COM CÂNCER** Se tornam íntimos e cúmplices, pois nadam nas mesmas águas, mesmo que Câncer seja mais doce e Escorpião tenha um sabor amargo.

**COM LEÃO** Há um inevitável jogo de poder que tanto excita quanto estressa a ambos. A relação é como um vulcão sempre prestes a entrar em erupção.

**COM VIRGEM** Escorpião tem uma densidade emocional e sexual que satisfaz Virgem em muitos sentidos. Um certo temor do amor alimenta a fome dominadora de Escorpião e a submissão de Virgem.

**COM LIBRA** Libra oferece a parceria que Escorpião precisa para aprofundar o lado emocional. Libra também contemporiza a intensidade de Escorpião. Gostam de ser um casal.

**COM ESCORPIÃO** Encontro marcado pela intensidade. Devoram-se em seus desejos materiais, emocionais e sexuais. Envolvem-se em uma trama psicológica profunda e difícil de desvendar.

**COM SAGITÁRIO** Sagitário é um objeto de desejo indomável para Escorpião, que se excita em se fazer de difícil para atiçar a curiosidade de Sagitário. O encontro de ambos é fértil inclusive no âmbito financeiro.

**COM CAPRICÓRNIO** A ambição os une, o sexo é licencioso. Juntos podem chegar ao topo do mundo. Capricórnio se alimenta do desejo de Escorpião, que evolui com a ordem de Capricórnio.

**COM AQUÁRIO** O conflito entre o apego e a liberdade marca esse encontro apaixonado. Ambos gostam de jogos mentais, e Aquário tem a inteligência que Escorpião precisa desafiar.

**COM PEIXES** Podem tanto comungar quanto se afastar pelos insondáveis abismos de suas almas individuais. Mas mesmo no melhor cenário passam por altos e baixos; são muito trágicos.

## EROTISMO DE ESCORPIÃO

Obsessão, sadomasoquismo, dominação, couro, látex, correntes, algemas, tortura, jogos mentais, manipulação, lingerie sensual, renda, cafetinagem, senhor/ escravo, sexo tabu, proibições, *fist fucking*, clube privê, encenações, estimulantes, instinto animal, sexo anal, sexo oral, pornografia, masturbação, triângulos amorosos, traição

## PERSONALIDADES DE ESCORPIÃO

Julia Roberts, Matthew McConaughey, Leonardo di Caprio, Ryan Gosling, William Bonner, Lula, Joaquin Phoenix, Charles Bronson, Neil Young, Pablo Picasso, Anna Wintour, Winona Ryder, Jodie Foster, Maria Antonieta, Björk, Carlos Drummond de Andrade, Albert Camus, Dostoiévski, príncipe Charles, Grace Kelly

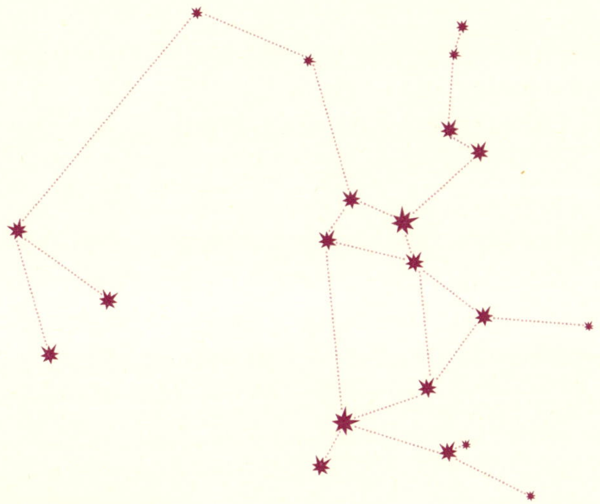

# SAGITÁRIO

**ELEMENTO** Fogo • **MODALIDADE** Mutável • **REGENTE** Júpiter

O símbolo de Sagitário é o centauro, o ser mítico metade humano, metade cavalo. Sua natureza é dual, entre razão e instinto. Mas, ao contrário do seu complemento Gêmeos, que é todo dúvida e ambiguidade, Sagitário é certeza e integridade: é o dono da verdade. Por isso o centauro é também arqueiro, porque já sabe o alvo. Tal percepção confere a Sagitário uma liberdade de movimento como a de nenhum outro, pois lhe permite viver intensamente, confiante de que as respostas lhe serão dadas e os caminhos, abertos. É por isso que Sagitário aproveita tão bem a vida e é por isso também que é tão difícil contê-lo. O centauro é o próprio extremista da independência.

Mas isso não quer dizer que não se relacione: ele se relaciona, até demais. Se a azaração não corre por sua própria iniciativa é porque os outros chegam ao nativo, que em toda a sua exuberância, desenvoltura e otimismo taca fogo por onde passa. Sim, Sagitário tem essa sorte. Sagitário é o próprio sentido de expansão do zodíaco, seu lema é "para o alto e avante", e assim vai longe. Sagitário vive em grande escala e transpira uma energia indomada, o que o torna um símbolo sexual requisitado. O signo tem sua parcela de intelectuais sérios e tímidos, mas mesmo estes têm seus desejos extravagantes. Dos signos é o mais dionisíaco, parece que tem uma visão psicodélica e vive em busca do êxtase. Conviver com Sagitário é celebrar a vida com frequência: tudo é motivo para risos, abraços e brindes, tudo pode virar festa, tudo é o máximo.

Melhor parar por aqui, ficar apenas com sua faceta bem-humorada e fingir que Sagitário não tem também uma espécie de compulsão à insatisfação, uma inquietude de querer sempre *mais* porque pode ser ainda *melhor*. Como se a Sagitário fosse possível dissimular alguma coisa — estamos no signo do sincericídio! Sagitário exagera em tudo para o bem e para o mal, e quando não está bom, está *péssimo*. É assim que solta uns relinchos e dá uns coices por aí, o que sempre acaba virando piada, mas não sem antes provocar estragos consideráveis. Nada que no final abale sua grandiosidade, já que essa figura radiante consegue ser ainda mais régia que Leão, e mais egoica também. Mas fazer o que, se Sagitário nasceu para ganhar o mundo? Não dá para culpar o megalomaníaco nativo regido por Júpiter, nada menos que o maior planeta do sistema solar, nomeado como o deus do Olimpo, Zeus para os gregos. O deus dos deuses é um tanto onipotente, mas é o portador dos raios que trazem as inspirações do céu para a terra e estabelecem uma nova ordem. Sagitário é um emancipador das mentalidades estreitas e de toda restrição imposta socialmente, abala códigos e costumes. Então faz parte do processo Sagitário se sentir aprisionado em determinadas situações.

O lado negativo disso é também um possível dogmatismo em relação ao que considera verdade, inclusive no âmbito espiritual. Todo Sagitário é religioso mesmo que ateu, porque vive de crenças — nem que seja na ciência ou no nada. Não há maior índice de fanáticos do que no signo de Sagitário, o filósofo sempre em busca do sentido. Ele é também um aventureiro, tanto do tipo que põe a mochila nas costas sem lenço nem documento, como do das grandes viagens mentais. A questão de Sagitário é o conhecimento, é isso que preside sua experiência de viver neste mundo de abundâncias, no qual ele pode estender a mão e agarrar o que quiser. Sagitário pode, é de seu merecimento. Compete por esporte porque adora sair em disparada pelo prêmio; é como um cavalo puro-sangue. Mas Sagitário vai se orientando por uma meta de cada vez, como um especialista. Por tudo isso, nota-se no nativo um quê de arrogância, não é mesmo? Sim, mas também a coragem e a inteligência. "Conhecimento é poder" é o seu lema. Nos seus xamânicos lampejos de iluminação, Sagitário está em sintonia cósmica para realizar seus desejos.

É nesse devaneio alucinado que Sagitário se apaixona, e quando isso acontece é muito intenso. Sagitário é incapaz de viver só de amor, mas pensa em sexo o tempo todo, então seus relacionamentos são eletrizantes. Para obter um orgasmo Sagitário pode se virar muito bem sozinho — tanto o homem como a mulher do signo praticam a masturbação com frequência, em qualquer idade —, mas para o nativo nada se compara ao sexo. Pervertido por natureza, Sagitário é um selvagem explorador de fantasias, aprecia de tudo, mesmo um ato mais sentimental. Acredite se quiser: Sagitário é super-romântico e se funde totalmente no sexo e no outro.

O homem de Sagitário é um garanhão, considera que todo sexo vale a pena. Ele pode namorar em série enquanto busca uma relação monogâmica e permanente com alguém belo, com senso de humor e que se permita absorver em sua visão imaginativa da vida. Tudo bem que nem sempre a pessoa, por mais absorvida, o absorve a ponto de ele desistir de suas aventuras sexuais por aí, mas é mesmo difícil domá-lo. A mulher de Sagitário também pode experimentar a liberdade de se relacionar com mais desenvoltura do que as outras mulheres do zodíaco, mas isso até encontrar um companheiro que lhe dê a devida atenção — leia-se devoção. Ela tem uma visão sublime do casamento; então quando casa, é pra valer. O mundo está cheio de sagitarianas que preferem ficar sozinhas enquanto não encontram alguém à altura, e elas desejam como parceiro alguém tão poderoso quanto elas.

A sagitariana é uma diva, uma deusa que ultrapassa a compreensão do homem comum, cujo sorriso radiante cega os outros em deslumbre — e também ofusca os defeitos dela. Mas cedo ou tarde estes aparecem, porque, como é típico do signo, ela não consegue esconder nada em toda a sua honestidade. Em geral, os apaixonados interpretam isso como mais um de seus encantos, algo meio inevitável em sua natureza insubmissa, e acabam deixando passar. Basta olhá-la nos olhos para que tudo fique bem de novo, sua alegria é contagiante. A sagitariana adora exaltar as pessoas, e é assim que faz os outros se sentirem poderosos ao seu lado e maleáveis em suas mãos. Mas não raro ela dá para trás em seus movimentos, pois acontece de exagerar no avanço e não dar conta dos desafios emocionais. Existe certa desconexão entre sua imponência equina e a fragilidade de garotinha, e por vezes ela precisa se proteger contra as expectativas elevadas que provoca nos outros. Mas ela mesma não se protege contra suas próprias projeções exageradas em relação aos afetos e ama demais.

Quando acha que não está sendo devidamente valorizada, a mulher de Sagitário pode ficar bem raivosa. Pode lhe faltar tato para lidar com essas sutilezas dos relacionamentos, algo como respeitar o tempo do outro ou mesmo se fazer de boba, fingindo que não viu alguma coisa. A sagitariana não elabora a sedução, é franca demais para isso. Ela aposta no seu magnetismo natural, que, sejamos francos, surte um efeito desnorteante. Como é uma perfeita líder, logo assume a dianteira para mudar a situação segundo seus paradigmas, é claro. Com os parceiros, a sagitariana procura fazer pose de inofensiva para não assustar, mas essa tática não costuma dar certo. Ela se envolve numa luta com o companheiro cujo ego não se permita dominar; para se relacionar com ela é preciso aceitar certa selvageria afetiva. E mesmo que apesar de todo resplendor ela seja arisca, ansiosa e insegura, a sagitariana tem também um gigantesco senso de valor próprio que não a permite endossar uma dinâmica de relacionamento abusiva. Ela cai fora. A mulher de Sagitário acredita fielmente que é possível ter independência pessoal e vincular-se profundamente. É nisso que investe seu coração. Se o companheiro a assumir em toda a sua potência, ela o deixa confortável ao seu lado.

O homem de Sagitário é um galã mesmo quando não é extremamente bonito: há algo nele que desperta as fantasias de todos, homens e mulheres, não importa qual seja a sua orientação sexual. Deve ser a sua carga altamente erótica, promessa de sexo fenomenal. Com isso ele atrai mulheres maravilhosas — sabe aquela mina que você não sabe o que está fazendo com aquele cara? Não é só porque ele é inteligente. É porque é sagitariano. Mas é verdade que as mulheres crescem ao seu lado porque ele as liberta de todas as limitações emocionais e sexuais, tornando-as mais brilhantes. Se o sagitariano for gay, ele tem uma relutância absurda em se comprometer, prefere não ser de ninguém mesmo que tenha suas paixões arrebatadoras. Mas qualquer parceiro que fique com ele sai extasiado do encontro. O sagitariano supermacho não costuma ter pudor de fazer suas incursões homossexuais em algum momento da vida, nem que seja para submeter um outro homem. Ele adora dar demonstrações da sua potência.

Mais do que líder, o homem de Sagitário é um grande camarada, os amigos o admiram e buscam seus conselhos. No que se propõe a fazer, ele não aceita ser menos que um gênio. Sempre tem as respostas para o que é insolúvel. A questão é atraí-lo de suas buscas individuais para colaborar com os outros, porque, apesar de ser tão querido, pode ser bem egoísta. Mas ele gosta de ajudar de coração, pois assim se engrandece; então quando se dedica é de verdade e faz toda a diferença. O sagitariano está sempre lutando com seus demônios interiores, mas seu jeito de fazê-lo é deixando-os simplesmente queimar em seu próprio fogo. Nisso ele provoca verdadeiros incêndios, mas faz parte. Assim, a vida ao lado dele é uma loucura. E a realidade vai se desdobrando do jeito que ele pretende. Se não é melhor do que poderia é porque a sua imaginação adora uma dramatização, então ele atrai uns obstáculos para crescer com isso. Ao final da jornada, o homem de Sagitário quer ser o maior e mais sábio do zodíaco, praticamente sobre-humano. Jamais duvide, porque ele consegue.

## ENCONTROS ASTRAIS DE SAGITÁRIO

**COM ÁRIES** São entusiasmados exploradores da potência sexual e criativa um do outro. Ambos podem crescer juntos em muitos sentidos e ainda assim manter a autonomia.

**COM TOURO** Este signo pode ser o prato cheio para o apetite sexual e emocional de Sagitário. Mas Touro é doméstico, enquanto Sagitário é do mundo. Se entendem quando aceitam essas idas e vindas.

**COM GÊMEOS** Expansivo e direto, Sagitário decide tudo o que Gêmeos não consegue e conduz a relação.

Gêmeos provê todo tipo de assunto interessante. Se complementam na aventura de viver.

**COM CÂNCER** Conectam-se na visceral necessidade de pertencer, mesmo que Câncer tenha dificuldade de lidar com o imprevisível Sagitário, que pode se sentir sufocado com o sentimentalismo de Câncer.

**COM LEÃO** Encontro apaixonado entre dois egos que querem dominar a situação, mas que podem se entender em sua megalomania. Sagitário traz o conceito, Leão dramatiza.

**COM VIRGEM** Virgem adora ser útil para Sagitário, que se regozija em abusar de Virgem. Funciona melhor quando Sagitário permite ser aperfeiçoado por Virgem e este se permite se soltar.

**COM LIBRA** Libra tranquiliza Sagitário, que se beneficia da inteligência de Libra. O diálogo de ambos pode ser produtivo em muitos sentidos, e sexualmente são abertos às novidades.

**COM ESCORPIÃO** Sagitário é um objeto de desejo indomável para Escorpião, que se excita em se fazer de difícil para atiçar a curiosidade de Sagitário. O encontro de ambos é fértil inclusive no âmbito financeiro.

**COM SAGITÁRIO** Dois cavalos podem cavalgar lado a lado ou podem se dar coices, e a dinâmica de relacionamento entre os sagitarianos oscila entre a liberdade criativa e as crises de ciúme.

**COM CAPRICÓRNIO** Não é que funciona? Ambos se acolhem e o sexo é lascivo. As perspectivas de realização se complementam: Sagitário em sua visão ampla, Capricórnio na estruturação.

**COM AQUÁRIO** Se excitam em suas visões de vanguarda, mas se estranham no sentimento. Sagitário é passional, Aquário é distante. O encontro de ambos revoluciona tudo, inclusive o mundo.

**COM PEIXES** Compreendem e permitem a necessidade de isolamento e silêncio um do outro. Sagitário anseia por mergulhar e se perder, Peixes deseja mais alegria.

## EROTISMO DE SAGITÁRIO

Sexo selvagem, amazonas, liberdade, hedonismo, sexo tântrico, desobediência, festas, azaração, bebidas, alucinógenos, corpos malhados, atletas, conquista, competitividade, poder, sucesso, michês, estrangeiros, exóticos, variedade de parceiros, mulher por cima, sexo extraconjugal, sexo por trás, posições em pé, meias longas, cinta-liga, chicote, botas, intelectuais, mentores, aventura, viagens, dançar, dança do ventre, penetração, ponto G

## PERSONALIDADES DE SAGITÁRIO

Brad Pitt, Jim Morrison, Clarice Lispector, Woody Allen, Walt Disney, Steven Spielberg, Jane Birkin, Kim Basinger, Britney Spears, John Malkovich, Silvio Santos, Jimi Hendrix, Keith Richards, Dilma Rousseff, Maria Callas, Angélica, Edith Piaf, Cicciolina, Scarlett Johansson

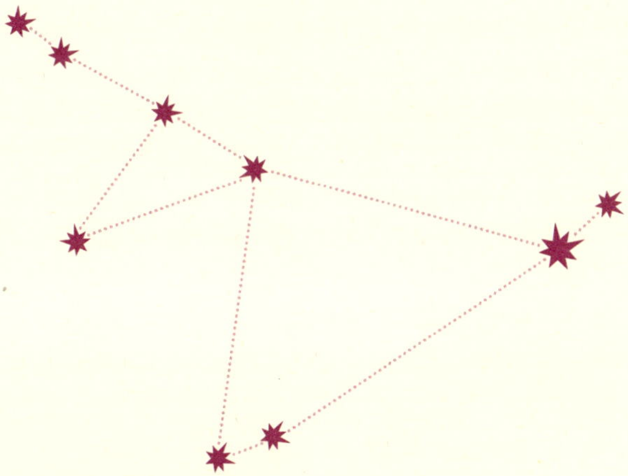

# CAPRICÓRNIO

**ELEMENTO** Terra • **MODALIDADE** Cardinal • **REGENTE** Saturno

Chegamos ao topo do zodíaco — ou pelo menos é onde estamos tentando chegar junto com Capricórnio. Se você já viu vídeos da cabra montanhesa, sabe que elas são capazes de escalar rochedos que, de tão íngremes, são praticamente ângulos retos. Há também as cabras que ficam de pé em galhos finos de árvores. Como conseguem? Elas têm pé de cabra! Não há signo mais preparado para lidar com os mais duros obstáculos do que Capricórnio, o obstinado. Parece até que, quanto mais dificultoso, mais ele se sente recompensado. Em termos mundanos, o topo em questão pode até ser o trabalho e o status ou qualquer objetivo que Capricórnio se impuser, mas em termos simbólicos, a montanha é o santuário entre o céu e a terra, um lugar de elevação que só quem é altamente dono de si consegue alcançar.

Existe uma realização que é possível apenas com a maturidade, depois de muitas tentativas, erros e perseveranças. E Capricórnio tem esse pendor para as tradições — embora seja verdade que muitos nativos sejam assumidamente rebeldes, com frequência por conta de outras influências como a do signo ascendente, a relação com o tradicional existe mesmo que por dialética. O regente do signo é Saturno, o senhor do tempo, o deus Cronos para os gregos, e tudo com Capricórnio demora, mesmo que o nativo já nasça "velho". Capricórnio em geral é uma criança precoce, tão consciente de sua responsabilidade sobre a vida que pode até mesmo ser mais séria que as demais. Isso varia segundo outros fatores da carta natal do nativo, por exemplo o Ascendente (coloca um Gêmeos ascendendo para ver se essa criança não é travessa!), mas mesmo os pequenos capricornianos mais lúdicos já estão de alguma maneira preocupados com o trabalho, deixando para brincar depois de realizados seus propósitos, ou seja, quando forem idosos! O que pretendem construir não é pouco, ninguém nasce sob o signo da montanha impunemente. Capricórnio talvez só perca em desejo de poder para Escorpião, mas em termos de realização é mestre. É Capricórnio quem funda as estruturas para que as coisas funcionem, assim como é quem garante o respeito às regras. Assim é que no corpo humano sua regência é tanto sobre o esqueleto, que dá suporte, quanto sobre a pele, que limita. A disciplina é seu modus operandi, a paciência é sua maior qualidade. Quando não, a ansiedade pode levar ao caos do pânico. Este exemplo não está aqui por acaso: o deus Pan, com suas patas e chifres de cabra, também está associado ao signo.

Capricórnio conduz a vida por um terreno acidentado, cheio dos altos e baixos próprios de uma cadeia montanhosa. Os vales podem representar estados de depressão, e os picos, de euforia, mas a descontinuidade é angustiante para o nativo, que por isso prefere caminhar com prudência enquanto galga as mais altas hierarquias. Sempre há por baixo da superfície um pessimismo inevitável, o que não o impede de ser bem-humorado. Mas repare se não há um tom meio autodepreciativo em suas piadas, um certo humor negro ou até mesmo inglês — aliás, o Reino Unido é Capricórnio! Mas não deixa de ser uma abordagem muito inteligente sobre as pessoas e as situações, o que não raro costuma salvá-lo de si mesmo.

Signo pragmático, do elemento terra, Capricórnio é super-racional. Tal qual o *Pensador* de Rodin, medita enquanto luta com uma poderosa força interna. Todo Capricórnio é um eremita em potencial: se a montanha é um lugar sagrado, Capricórnio transcende o material por intermédio do próprio materialismo. Ou seja, ele precisa se dedicar à realização para estar acima dos valores mundanos. Isso é consciente em todos os nativos? De modo algum. Por ser o signo seguinte a Sagitário em toda a sua entusiasmada fé, Capricórnio está em um lugar de quem já viu de tudo e, por isso, é realista. Se o nativo se reconhece como recipiente da prosperidade é outra história. Daí a necessidade de alguma espécie de retiro onde possa entrar em contato com o transcendente, já que na experiência do dia a dia a vida se revela difícil em muitos sentidos.

Capricórnio pode ser rígido: a regência sobre a pele pode resultar nessa espécie de casca-grossa. Tendo Câncer como signo complementar, Capricórnio precisa ser amolecido para entregar o coração — mas é de um amor do tipo "para sempre". Parece que Câncer e Capricórnio se entendem nessa dinâmica meio defendida de se relacionar, à diferença de que Câncer é assumidamente sensível e emocional. Mas Capricórnio é psicologicamente complexo, o mais inclinado a desacreditar no amor. O que não passa de uma desculpa para evitar decepções sentimentais, porque no fundo Capricórnio deseja aquele tipo de relação raríssima hoje em dia, de um comprometimento inquestionável perante as vicissitudes da vida. Estaria o próprio nativo inclinado a permanecer, mesmo quando a coisa não vai bem? Estaria — não há signo mais propenso a sustentar uma situação pela conveniência, cujos valores não estão ligados apenas ao lar, mas sobretudo ao social. "Capricórnio julga tudo, inclusive o próprio julgamento", foi o que me confidenciou um nativo. Mas sejamos justos com os capricornianos: não são todos que insistem no que não faz feliz só para agradar sabe-se lá a que entidade julgadora suprema (o superego?). O que não falta é Capricórnio lutando por condições mais satisfatórias, principalmente no amor.

O homem de Capricórnio é sofisticado em sua determinação, tem uma postura imponente, mas não consegue disfarçar sua desilusão. Parece não se impressionar com nada, o que é rapidamente desmentido tanto em suas explosões de mau humor quanto nas situações de prazer que o tomam de assalto. Lembra o deus Pan? Daí nasceu o termo pansexualismo. Sim, o homem de Capricórnio é de uma potência sexual animalesca e absolutamente desejável em sua grosseria — se é que você me entende — e, sabedor disso, ele se comporta como um dominador. O.k., ele pode. Na intimidade é devasso, e se por acaso sua parceira capricorniana não revela seus desvios e fetiches de inclinações mais baixas é porque há alguma repressão que precisa ser contornada com carinho. No que diz respeito ao amor, o capricorniano é cauteloso até se envolver, mas mesmo depois não deixa de transpirar certa indiferença como defesa, até para que possa demonstrar seus sentimentos sem medo de ser desarmado. E esses sentimentos costumam ser bem apaixonados.

O homem de Capricórnio é admirável em sua solidez. Ainda assim, não consegue evitar sentir-se rejeitado quase sempre. Ele pode se casar diversas vezes enquanto busca aquele vínculo emocionalmente seguro, e assim acaba se mantendo naquele distanciamento difícil de abordar. Apesar de sua postura tão competitiva no mercado de trabalho, não consegue lidar com competições amorosas. Por isso prefere se relacionar com pessoas mais retraídas, que lhe ofereçam devoção e até servilismo, não se importando mais que o necessário com a aparência. No entanto, seu fascínio recai mesmo sobre as pessoas inteligentes e desafiadoras — só que estas ele precisa se munir de coragem para assumir...

A mulher de Capricórnio é uma senhora de si, toda trabalhada no respeito próprio, porque quando menina sofreu as agruras da baixa autoestima. Em muitos casos é um patinho feio que mais tarde se revela um cisne. Mas ela quer ser valorizada como uma pessoa de substância. Para os outros, pode parecer como se pensasse e repensasse tudo antes de agir. Às vezes isso é verdade, mas a questão é que ela não assume riscos levianamente e por isso marca o tempo à espera do momento certo, ou seja, quando tem certeza de que vai ser bem-sucedida. Pode lhe faltar essa maturidade quando jovem, e por isso ela pode sofrer de ansiedade; a capricorniana só se sente segura quando realmente se torna mulher. Seu sofrimento acaba sendo a motivação para que cresça na vida, porque serve como inspiração criativa e até fonte de iluminação espiritual. Ela conquista suas metas com o tempo. Sua beleza é séria, ela não se sente confortável fazendo o tipo bonequinha e costuma ser bem desconfiada com elogios. É reta na postura e nas convicções morais, mas não é raro que mesmo assim desabroche meio maluquinha. Deve ser de tanto bater cabeça com suas próprias exigências. Ainda assim, no fundo é meio careta.

A mulher de Capricórnio tampouco se precipita nos relacionamentos; afinal, amor é coisa séria. O sexo também, o que não quer dizer que ela não se divirta, mas que precisa ter certa familiaridade com a pessoa para se permitir isso. Todo seu gigantismo moral pode ser um tanto intimidante, mas ela tem um coração enorme e está à espera de alguém a quem possa confiá-lo. Se tal envolvimento não acontece, pode haver um elemento de oportunismo em sua escolha afetiva. Mas é verdade que ela se educa para ser uma pessoa melhor por meio do parceiro. De qualquer maneira, ela impõe algumas normas para a relação; não é exatamente um tipo livre, a não ser que outros fatores do mapa chamem para isso. Mas sempre tem dificuldade em deixar a coisa correr mais solta. Ela precisa aprender a brincar de amor, porque é assim que acessa uma criatividade que acaba por se tornar seu mais valioso patrimônio. Torna-se, portanto, uma companheira prática, forte e independente, das que requerem menos manutenção. Pouco afeita a demonstrações públicas de carinho e tesão, prefere reservá-las para os momentos íntimos. Aí ela precisa de conforto para experimentar possibilidades. Sexo para a capricorniana não é performance, é honesta entrega. Quem experimenta um envolvimento profundo com a nativa descobre sensações muito ricas e permanentes, do tipo que assegura um contínuo bem-estar.

## ENCONTROS ASTRAIS DE CAPRICÓRNIO

**COM ÁRIES** Existe um evidente conflito de autoridade, que só é bem resolvido quando um se excita mais em se submeter ou quando a troca de papéis é equilibrada.

**COM TOURO** São o suporte um do outro no desafio de viver e assim crescem juntos. Mas Capricórnio é um pouco duro com a mansidão de Touro.

**COM GÊMEOS** Têm ritmos diferentes, mas, quando conseguem se encontrar, Capricórnio fica mais leve, Gêmeos, mais responsável. Gêmeos deixa Capricórnio assumir o domínio sexual.

**COM CÂNCER** Câncer consegue dissolver a resistência de Capricórnio, envolvendo-o em amor e compreensão. Capricórnio se sente especial por prover a estrutura de um lar.

**COM LEÃO** Formam um casal poderoso e ambicioso. Juntos, funcionam como um trator demolindo obstáculos e erguendo estruturas sólidas. Mas na intimidade batem bastante de frente.

**COM VIRGEM** Ambos se sentem confortáveis em criar regras para o relacionamento e não discutem quanto a isso. Mas, apesar da segurança, divergem na expressão dos sentimentos.

**COM LIBRA** Preocupados com julgamentos sociais, passam uma imagem de entendimento que nem sempre corresponde à realidade íntima, que pode sofrer com as inseguranças de ambos.

**COM ESCORPIÃO** A ambição os une, o sexo é licencioso. Juntos podem chegar ao topo do mundo. Capricórnio se alimenta do desejo de Escorpião, que evolui com a ordem de Capricórnio.

**COM SAGITÁRIO** Não é que funciona? Ambos se acolhem e o sexo é lascivo. As perspectivas de realização se complementam: Sagitário em sua visão ampla, Capricórnio na estruturação.

**COM CAPRICÓRNIO** Ambos são espíritos conservadores que precisam de tempo para realizar, e quanto a isso, nenhuma queixa. Mas justamente por essa razão podem se enrijecer nesse lugar e não inovar em nada.

**COM AQUÁRIO** Aquário encontra em Capricórnio o meio para realizar suas utopias, Capricórnio abre a cabeça com Aquário. Mas ainda assim é difícil chegar a um meio-termo entre posturas tão radicais.

**COM PEIXES** Existe um encantamento que se assemelha mais à amizade do que à paixão, embora tudo comece com certa intensidade. Peixes satisfaz Capricórnio, que ajeita a vida de Peixes.

## EROTISMO DE CAPRICÓRNIO

Dominação, figuras de autoridade, pansexualismo, natureza, sensualidade, pele, militares, status social, aristocracia, executivos, terno e gravata, blazer, tailleur, poder, virilidade, pessoas mais velhas, fantasias de repressão, espancamento, cabelos presos, transexuais, corpos ossudos, anonimato, papai e mamãe, higiene, intimidade, carinho, dedicação, presentes

## PERSONALIDADES DE CAPRICÓRNIO

Jude Law, Jim Carrey, Mao Tsé-tung, Aristóteles Onassis, Muhammad Ali, Rod Stewart, Rita Lee, David Bowie, Janis Joplin, Patti Smith, Kate Moss, Joana d'Arc, Claudia Raia, Alinne Moraes, Diane von Fürstenberg, Simone de Beauvoir, Marquês de Sade, Donna Summer, Ricky Martin, Elvis Presley, J. R. R. Tolkien, Martin Luther King, Mel Gibson, Kevin Costner, Henry Miller

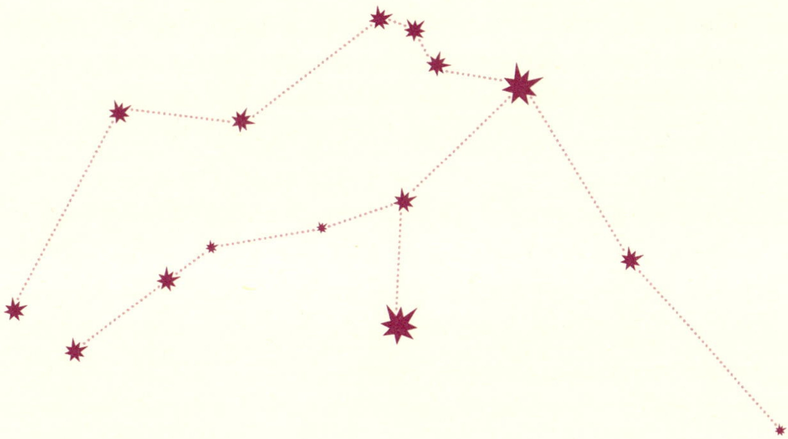

# AQUÁRIO

**ELEMENTO** Ar • **MODALIDADE** Fixa • **REGENTES** Saturno e Urano

O que acontece depois que Capricórnio ergue toda uma estrutura para a realização das coisas? Um raio cai do céu e põe tudo abaixo! Mas não se assuste com imagem tão radical: essa é a essência revolucionária de Aquário, fundamental à evolução da espécie e da cultura. Se não fosse assim, a eternidade transformaria tudo em pedra, e é próprio da natureza que condições mutantes requeiram outros formatos. Sendo o signo do futuro, é Aquário que promove a mutação. Essa não é uma missão fácil, e o nativo encontra muita resistência, tanto dos outros quanto de si mesmo — algo que dificilmente admite. Por que você acha que Aquário também é regido pelo mesmo Saturno que seu antecessor zodiacal? É verdade que, depois de ganhar a regência de Urano, quando este foi descoberto em 1781, Aquário pôde se adequar melhor à sua missão vanguardista. Mas sua sensação de inadequação persiste, assim como sua briga com as regras e tradições, nem que seja por enquadrar-se novamente a elas quando a anarquia é caótica demais até para o próprio aquariano.

É que o extraterrestre Aquário é esquisito para os padrões sociais, o que é um paradoxo, já que este é o mais social dos signos. Então Aquário vive se sentindo separado, mas disposto a pertencer. Só que para isso precisa integrar suas visões avançadas, em outras palavras, ser aceito em toda a sua estranheza. Seu ideal utópico é que acima de todas as individualidades todos são iguais enquanto seres humanos. Louvável, mas ainda distante da realidade. É importante esclarecer que nem todo Aquário já nasce humanitário. Chegar a esse nível de entendimento pode ser difícil para o próprio nativo. A mesma restrição que pode servir de estímulo para lutar pela libertação pode ser compensada em um egocentrismo ainda maior que o de seu complemento Leão. Compreenda: o ego é uma estrutura da mente, e Aquário é o mais mental dos signos. Sua qualidade de elemento ar e modalidade fixa se configura como uma ideia concentrada, insistente, obsessiva até. Então, mesmo que promova mudanças, Aquário não o faz com flexibilidade, mas com teimosia. Se é assim que pode conseguir fazer o impossível, é assim também que pode se prender no conceito que tem de si mesmo.

O mito que deu origem ao signo não é uma figura animal; é o humano aguadeiro, o copeiro dos deuses. Por ter encantado Zeus, o pastor Ganimedes foi elevado ao Olimpo, onde passou a servir o néctar aos deuses. Por este lado, Aquário é quem se eleva ao céu na condição de servo da doação amorosa. Mas há outro mito associado ao signo que é o de Prometeu, aquele que rouba o fogo dos deuses para entregá-lo aos mortais e sofre bastante por isso. Prometeu é punido por Zeus, que o prende por toda a eternidade a um rochedo, onde toda noite tem seu fígado dilacerado por uma águia para tê-lo regenerado no dia seguinte e recomeçar o seu martírio. O fogo é uma metáfora da criatividade, e Prometeu, na condição de imortal, desce do céu para empoderar o homem comum. Por este lado, Aquário é o visionário, o progressista que transmite uma nova compreensão. Mas estar à frente do tempo tem esse custo inexorável de ser mal compreendido e até exilado, por ir contra os interesses vigentes.

É difícil definir se Aquário é profeta ou louco: a linha entre a insanidade e a sintonia cósmica é tênue. Mas em sua sólida convicção, todo Aquário se considera um gênio, e é assim que se convence de que pode tudo. Porém na prática quantos conseguem realizar suas invenções? Poucos, e a culpa pode não ser só do mundo que "não está pronto" para suas ideias revolucionárias (desatinos?), mas também do nativo, a quem falta pragmatismo — a não ser que outros fatores do mapa astral estimulem o trabalho pela concretização. O lance de Aquário é ser do contra, é o desobediente e rebelde do zodíaco. Em seu orgulho de ser evoluído, Aquário foge da mediocridade como o diabo foge da cruz, e muitas vezes é tão pautado pelo medo do fracasso que o acaba atraindo. Seria o seu destino viver para não ver suas ideias tomar forma, mas para de alguma maneira deixar o caminho aberto para outros aproveitarem no futuro? Em muitos casos, sim. A história está cheia de exemplos de personalidades aquarianas que pouco conseguiram em vida, mas cujo esforço foi recompensado décadas ou séculos depois. Mas a nossa rotina também está repleta de personalidades excepcionais, inventivas e delirantes que apresentam um universo de possibilidades incríveis e enchem a piscina de alegria.

Entretanto, relacionar-se intimamente com Aquário pode ser complexo como sua personalidade. Aquário não é um signo emocional, seus relacionamentos precisam ser inteligentes. É um signo mais ligado na troca de ideias do que em sentimentalismos, o que para muitos pode parecer frieza, inclusive para o seu apaixonado complemento Leão. Relacionamento para Aquário é um jogo mental que pode ser excitante ou frustrante, até mesmo cruel. Depende em grande parte da resposta da pessoa com quem o nativo estiver envolvido, porque ele precisa que sua proposta seja compreendida ou se torna cínico, ainda mais se for cobrado em sua afetividade. Dependendo também do signo de sua Lua natal, o nativo pode se envolver mais ou se manter distante, mas de qualquer maneira lidar com o universo dos sentimentos é sempre conflituoso para Aquário, que pode tanto exagerar quanto faltar. Pela necessidade de liberdade, Aquário pode se sentir mais à vontade em dinâmicas de relacionamento que sejam espaçosas, que lhe permitam cuidar de seus próprios interesses sem ter que ficar prestando contas do que faz. Sem ter que cuidar (demais) do outro. Aquário é o signo mais propenso a reinventar os formatos de relacionamento — parece até que as dinâmicas mais abertas, como o chamado poliamor, nasceram das experimentações e recusas aquarianas em se comprometer demais. Ou do reconhecimento da natureza libertária do desejo e da necessidade de mais amizade e até de permissividade nas interações íntimas.

O homem de Aquário é o desapego em pessoa. Um pensador pioneiro, excêntrico nos seus termos, em muitos casos uma voz solitária a clamar no deserto. Ele se perde em suas alucinações e revelações extravagantes, o que pode caracterizá-lo como impessoal em suas interações íntimas. Sempre parece estar em outro lugar, acima dos meros mortais. O aquariano considera os sentimentos como distrações à elaboração dos ideais elevados que fixou em sua mente. Ele não quer pensar demais sobre o que sente, precisa estar com alguém que o deixe confortável em seu jeito de expressar suas emoções, com certo distanciamento. É um mentalista, acredita com convicção em seu poder de mudar as tradições e introduzir novos conceitos na psique dos outros de forma a mudar o curso do mundo. Pode ser o próprio maluco beleza, mas seu discurso também pode ser fanático e sua postura, defensiva, retraída e até mesmo robótica, pois lhe falta jogo de cintura. Mas também pode ser muito charmoso em sua percepção avant-garde e, verdade seja dita, sua aparência meio andrógina pode ser de um apelo sexual interessante.

Para se relacionar com o homem de Aquário, é preciso curtir seus gostos incomuns tanto em termos culturais quanto sexuais. Ele pode até ser meio assexuado, pois é capaz de sublimar seus instintos se os considerar conflitantes com sua ideologia. Mas é mais comum que se revele um pervertido, inclusive em termos de envolvimento emocional. O homem de Aquário exige ser venerado e pode fazê-lo com soberba. É quase como se o outro tivesse que pagar tributo à sua existência, já que ele veio de um planeta muito mais evoluído para abrir sua cabeça. O parceiro do aquariano tem que ser alguém muito valioso para merecer seu investimento, assim como tem que se converter ao seu modo operacional fora dos padrões. Mas é assim que faz seus amantes se sentirem eleitos. Ele pode se excitar ao humilhar o parceiro, seja homem ou mulher, gosta de se sentir por cima, mesmo que isso não seja feito com violência física ou verbal, mas esteja implícito em suas atitudes. O homem de Aquário precisa ser envolvido pelo ideal de um relacionamento nos seus termos, que ele define sabe-se lá como.

Já a mulher de Aquário é bem mais divertida e querida que a versão masculina do signo. Ela tem uma disposição natural em ver alegria nas situações e para os outros pode ser como uma graça redentora, a mais propensa do zodíaco a vestir a fantasia de palhaça. Vive no delírio fantasioso, por isso as pessoas a querem perto. No entanto, se é uma ótima amiga para o seu grupinho, para os demais passa fazendo firula, e não se importa tanto quanto faz parecer. Mas ainda assim ela tem uma humanidade mais desenvolvida e interage com as pessoas, enquanto o homem vive no seu Aquário científico. Há também a versão feminina intelectual e cabeçuda do signo, a pensadora original que se intromete em universos predominantemente masculinos com sua potência questionadora. De qualquer maneira, seu complexo de Poliana salva sua vida e ela busca revelar essa verdade. Mas não se iluda: apesar dessa animação ela pode esconder uma tristeza profunda de se sentir estranha e não merecedora. A mulher de Aquário pode se posicionar como se estivesse cometendo o grande erro de estar ali. Ela preferia fugir com o circo e está sempre fazendo teatro. A aquariana é praticamente uma líder de torcida para os que ama — sabe aquela pessoa que fica divulgando tudo dos amigos, família e ídolos nas redes sociais? Este é um comportamento generoso, mas é também uma forma de chamar atenção por ser tão legal.

Quando se apaixona, a mulher de Aquário é obsessiva e excessiva, talvez seja por isso que custe a se permitir e esteja quase sempre fugindo de uma aproximação mais íntima. Sente atração por pessoas egocêntricas e até despóticas, que sejam carentes de amor, a quem pretende preencher todas as necessidades afetivas. Quer se tornar fundamental na vida de alguém pelo encorajamento a se expressar. Mas é assim que muitas vezes cria monstros e se frustra. O que ela precisa mesmo é de uma relação que lhe ofereça independência, nem que seja por seu parceiro estar demasiado envolvido consigo mesmo para encher seu saco. Ela quer ser como uma deusa que desceu do céu num arco-íris e se sente satisfeita por se envolver com alguém demasiadamente humano (mas que se imagina genial). É capaz de se sujeitar de tal maneira que as pessoas ficam chocadas, como se ela fosse uma boba. Mas é um jogo para que possa adquirir condições de negociar. E ela cobra depois, viu? O fato de não se indispor não quer dizer que não se importa: um dia ela vai embora, de uma hora para a outra. E ai de quem tiver que enfrentá-la na justiça. Sexo para ela tem que quebrar todas as convenções, é de preferência performático. Entrar no clima da aquariana não é para quem espera um clássico papai e mamãe.

## ENCONTROS ASTRAIS DE AQUÁRIO

**COM ÁRIES** O idealismo de Aquário estimula Áries a se desenvolver mais intelectualmente. Ambos respeitam a individualidade um do outro e se divertem juntos.

**COM TOURO** O sexo é exploração de fantasias, mas a relação tem muitas arestas. Aquário fica quando se interessa em se fixar de forma convencional. Touro fica quando disposto a mudar.

**COM GÊMEOS** Relação promissora entre intelectuais ativos e amantes da liberdade. Vibram em excitação mútua. Gêmeos aprende com a depravação de Aquário.

**COM CÂNCER** Uma dinâmica complexa entre o sentimento dependente de Câncer e o desapego ideológico de Aquário. Mas em algum nível pode ser inspirador.

**COM LEÃO** Leão é o sol que Aquário deseja orbitar, embora o faça com simultânea adoração e rebeldia. É que Aquário precisa questionar e revolucionar o absolutismo de Leão.

**COM VIRGEM** É estranho e surpreendente quando funciona, em geral porque compartilham de algum interesse intelectual e, sexualmente, uma sensação de violação dá a liga.

**COM LIBRA** Pode-se dizer que têm uma afinidade quase perfeita. Libra se entusiasma com a excentricidade de Aquário, que se eleva com a beleza de Libra. O sexo é inventivo.

**COM ESCORPIÃO** O conflito entre o apego e a liberdade marca esse encontro apaixonado. Ambos gostam de jogos mentais, e Aquário tem a inteligência que Escorpião precisa desafiar.

**COM SAGITÁRIO** Se excitam em suas visões de vanguarda mas se estranham no sentimento. Sagitário é passional, Aquário é distante. O encontro de ambos revoluciona tudo, inclusive o mundo.

**COM CAPRICÓRNIO** Aquário encontra em Capricórnio o meio para realizar suas utopias, Capricórnio abre a cabeça com Aquário. Mas ainda assim é difícil chegar a um meio-termo entre posturas tão radicais.

**COM AQUÁRIO** Eles se reconhecem em seu não pertencimento e se sentem especiais por terem se encontrado. Mas são delirantes, e a relação pode não durar muito pela falta de um senso de realidade.

**COM PEIXES** Cada um é espiritual à sua maneira, unem a ciência ao imaterial. Juntos alçam voos inimagináveis. Mas ambos precisam pôr os pés em terra firme.

## EROTISMO DE AQUÁRIO

Perversão, quebra de tabus, desobediência, sadomasoquismo, jogos mentais, controle, fetichismo, libertário, relações abertas, poliamor, hippies, androginia, excêntricos, esquisitos, marginais, sexo grupal, escatologia, alucinógenos, vibradores, brinquedos sexuais, tatuagem, piercing, cabelo raspado, careca, pornografia, triângulo amoroso, axilas

## PERSONALIDADES DE AQUÁRIO

James Dean, John Travolta, James Joyce, Lewis Carroll, Abraham Lincoln, Charles Darwin, Galileu, Copérnico, Christian Dior, Ísis Valverde, Romário, Oprah Winfrey, Jennifer Aniston, Ellen DeGeneres, Virginia Woolf, Susan Sontag, Mia Farrow, Fernando Gabeira, Marina Silva, Raul Seixas, Matt Groening, Sandy

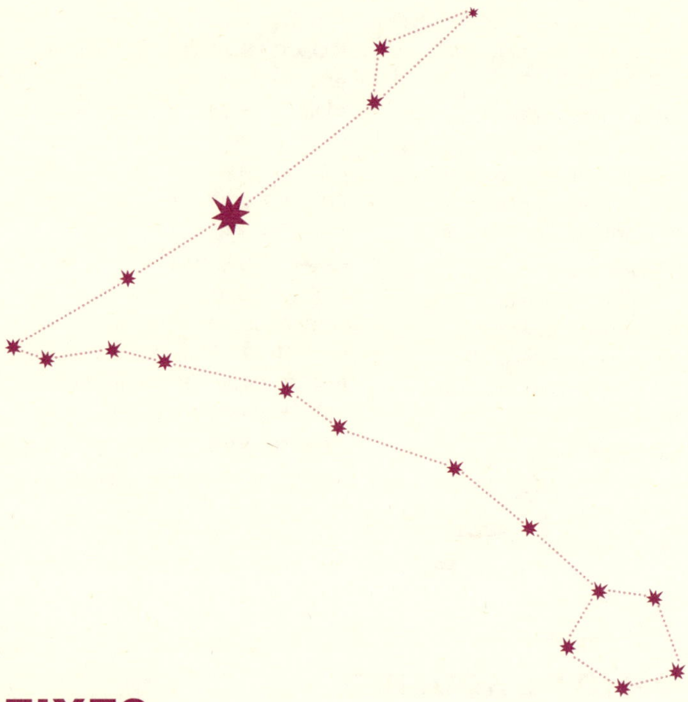

# PEIXES

**ELEMENTO** Água • **MODALIDADE** Mutável • **REGENTES** Júpiter e Netuno

O último do zodíaco é também o mais difícil de descrever. Peixes é como o oceano para o qual tudo converge, é como a água que tudo dissolve, e por isso é o signo que tem um pouco de todos os outros. É também o signo que pode ser qualquer coisa. Peixes é a completa ausência de limites, é mais espírito que matéria. É tão desencarnado que tem acesso direto a outras dimensões, para além de Aquário, que já é um contato extraterrestre: Peixes é o próprio cosmos. É tão disforme que precisa de um recipiente que o contenha, e este é o papel que os outros costumam desempenhar em sua vida, conferindo-lhe um senso de identidade para que possa ser. Se não for assim, Peixes pode ficar por aí um tanto perdido, olhando meio a esmo, como um peixe fora d'água. Mas esse estranhamento não é como do signo anterior, Aquário, o futurístico excêntrico. Peixes é a própria saudade do paraíso perdido, aquele lugar de pertencimento absoluto e gozo eterno para o qual todos ansiamos retornar.

Peixes é dissolvido no Todo, induzido por seu regente Netuno, o mais espiritual dos planetas. É por isso que Peixes vive no sonho, porque este é o seu verdadeiro lugar. O mistério, o incognoscível. Sua imaginação é poderosa porque está ligada ao chamado inconsciente coletivo, a fonte de todos os símbolos que dão origem à criação. Peixes lê hieróglifos, enxerga o invisível, ouve o silêncio. Trata-se de intuição. Mas tudo se passa dentro da sua cabecinha, a não ser que outros fatores do mapa do nativo estimulem que escreva, desenhe, pinte, componha e faça os cálculos para seu projeto arquitetônico ou feche a equação quântica. Aplicabilidade não é exatamente a sua função; muitas vezes isso fica a cargo dos que o apoiam. Qualquer que seja o seu trabalho, Peixes é em essência um poeta, mesmo que não escreva nenhum verso — mas por sua percepção subjetiva. Peixes se sente autorizado a inventar sua própria paisagem — será verdade que criamos a realidade conforme imaginamos? Era isso que achava um dos piscianos mais célebres de todos os tempos, Albert Einstein, que desenvolveu a Teoria da Relatividade. No entanto, isso é ainda tão difícil para a humanidade entender que até mesmo Peixes pode não saber o que fazer de seu próprio poder e passar a existência nadando — conjugação do verbo "não fazer nada".

Há uma bem-aventurança em permanecer nessa perfeita dimensão paralela enquanto o mundo material se desenvolve cheio de problemas. Não deixa de ser uma forma de evitar a dor. Mas não tem jeito, Peixes é como uma esponja: mesmo sem querer, absorve tudo de todos e sente o sofrimento do mundo como se fosse seu. Isso é muito difícil de lidar e não é à toa que Peixes seja escapista, que se isole com frequência e que não raro precise se anestesiar de alguma maneira, entre drogas legais e ilícitas. Em seu exílio silencioso, de alguma forma sabe tudo o que está acontecendo, e para relacionar-se com Peixes é preciso se acostumar a suas ausências, compreender que sua energia transcende tempo e espaço e que sua comunicação está além das palavras. Por isso pode ser de um amor sublime — o tal amor incondicional que até hoje não sabemos se existe, a não ser pelos exemplos dos grandes mestres espirituais —, mas é mais comum que seja melancólico. Entre o mártir e a vítima,

Peixes está sempre em sacrifício, segundo o real significado da palavra: o ofício sagrado, uma missão espiritual de doação. Na maioria das vezes este é um processo inconsciente, quando o nativo percebe está salvando vidas ou entregando a própria em causa maior.

Como na constelação em que dois peixes estão nadando em direções opostas mas ligados por uma corda, Peixes é o fim mas também o começo, o passado mas também o futuro. A roda zodiacal nunca para de girar, depois de Peixes vem Áries de novo, e sob muitas perspectivas é possível andar de trás para a frente. Peixes vive nessa vertigem, e é por isso que não importa o quanto dê voltas, só vai se resolver quando se espiritualizar. O que não quer dizer que tenha que seguir uma religião, mas que tem que se sentir ligado a algo. Quando é religioso, pode ser crente e fervoroso, do tipo que reza para tudo. Mas muitos são ateus, outros agnósticos. De qualquer maneira, estão sempre olhando através dos véus do conhecimento. Se há um signo capaz de se render a um destino, esse signo é Peixes, que enxerga a trama em que tudo se entrelaça a tal ponto que a vontade individual deixa de fazer sentido, tudo se torna uma coisa só. Por isso Peixes é tão compassivo e também tão temeroso. O nativo pode querer estar alheio, mas quando alguém passa por necessidades, adivinha com quem vai poder contar? Peixes está sempre presente para ajudar naquela situação difícil, e o faz de maneira muito afetuosa. É o signo mais inclinado ao perdão, embora o oposto seja verdade: não há no zodíaco quem seja capaz de guardar os maiores ressentimentos.

Para falar do que esperar de um relacionamento com Peixes, temos que recorrer ao clichê inevitável: o romantismo! Parece que desde o útero Peixes já está esperando pelo grande amor, ou seja, pelo encontro que será como uma bolha aquática protetora de todo o mal, o sentido final de sua existência. Ao se fusionar ao ser amado, o nativo já pode morrer, missão cumprida. O que Peixes quer é ficar junto para toda a eternidade. Peixes sonha com a pessoa amada e fantasia cenários para esse encontro. E como se encanta fácil: é só receber um olhar sensível e pronto, toda uma história de amor se inscreve como um filme em seu psiquismo.

Peixes não costuma tomar muitas iniciativas para se aproximar, embora tenha seus momentos inspirados; em geral, prefere criar um clima e deixar que a mágica aconteça naturalmente.

Enquanto espera, sofre: de expectativa, medo, saudade. E sofre porque muitas vezes o seu desejo se revela ilusório. Quando apaixonado, tem dificuldade de enxergar o outro como é e acaba não sendo correspondido como esperado. No seu complexo messiânico, Peixes atrai pessoas problemáticas que precisam ser salvas. Assim, pode se doar para além do razoável e acabar na sarjeta. E também pode gostar de alguém que não seja exatamente confuso, mas que tenha alguma séria questão pessoal ou familiar para dar conta — e lá vai Peixes cuidar da pessoa amada. Amor para Peixes é encontro de almas gêmeas. O que funciona para o nativo é uma conexão espiritual, pronta para ser aperfeiçoada com confiança. Seu complemento é o pragmático Virgem, aquele que adora moldar os outros. Peixes precisa de alguém que lhe dê forma para que possa, simplesmente, amar.

O homem de Peixes tem uma autoimagem mítica, se considera enviado por Deus. Mas ele se faz por si mesmo, sem se estressar nem se esforçar demais para ser bem-sucedido, com uma infinita paciência para que tudo vá se arranjando segundo sua concepção. O pisciano dissolve os obstáculos com descaso, não dando importância maior ao que é irrelevante ao seu projeto. Para ele, desejo é propósito e provém de inspirações divinas, daí não precisar de julgamentos. O fato de preferir certa ignorância funciona como uma bênção que não o distrai de sua proposta. Mas nem por isso é menos desfocado, porque é capaz de parar no meio do caminho para admirar a paisagem.

O homem de Peixes é tolerante, mesmo que se decepcione com os outros. Em si mesmo ele considera que já superou seus problemas, o que nem sempre é verdade. Aliás, na maioria das vezes ele sofre de autoengano e pode ser bem autodestrutivo. De qualquer maneira, é condescendente com os erros e sempre dá uma segunda chance, mas nem por isso deixa de guardar mágoas. Conversar com ele é uma viagem, em que o tema original facilmente se perde, mas afinal tudo gira em torno do mesmo tema. O pisciano tem o conhecimento do mundo, e seus comentários são espirituosos, as conclusões estão sempre em aberto.

Quando se apaixona, o homem de Peixes investe na pessoa amada muito rápido e com bastante intensidade; assim fica parecendo que a relação com ele será sempre nas nuvens. Em geral, não é. No dia a dia ele está além das motivações sexuais, embora seja um grande explorador do erotismo. Mas ele não é presa da própria libido, pois sabe sublimá-la para o trabalho, a arte e o espiritual. O pisciano é propenso a manter uma relação estável, principalmente se o casamento for sobretudo espiritual. Mas ele é escorregadio e pode ser uma presença fantasma na casa. Os outros é que fazem de tudo para chamar sua atenção e acabam se tornando seus seguidores ou discípulos, embora ele mesmo não possa ser amarrado. Em muitos casos, sua forma remota de amar é um tanto apática. Sem nada dizer, ele entra e sai de sintonia, o que para muitos pode ser desanimador. Por isso é tão fundamental comunicar-se com seu silêncio. O homem de Peixes penetra sutilmente no psiquismo do amante e provoca transformações de dentro para fora. Gosta de pessoas criativas e com uma aura especial, e admira quem já teve muita experiência antes de encontrar com ele, pois prefere transformar a puta em santa que o inverso (vide Jesus e Maria Madalena).

A mulher de Peixes é a própria romântica sonhadora. Não há no zodíaco quem seja mais camaleoa, o que não poderia ser diferente para a mulher deste signo que rege a moda. Ela se veste segundo o momento, e isso vale para a sua personalidade. Mas é claro que nem todas ligam para a moda — há aquelas que consideram isso muito fútil e que preferem expressar até mesmo certo desleixo. A pisciana tem todos os vícios e virtudes; é o drama personificado, impressionável e impressionante. Pode ser calorosa e distante, acessível e intocável, inescrupulosa e correta, pode ser superforte num momento e desmoronar logo em seguida. Quase nunca dá para saber o que ela sente de verdade. Sereia, hipnótica, diva, enganadora, fabulosa, exagerada, complicada e perigosa, pode ser difícil de se relacionar porque deseja ser amada universal e incondicionalmente. Mas na prática ela corteja o desastre amoroso — é o que dá esperar tanto dos outros. Nisso ela se intoxica emocionalmente e é até mais propensa a guardar ressentimentos eternos do que o homem do mesmo signo. Vive sendo perseguida pelo passado, jamais esquece o primeiro amor e só amadurece quando se constitui como sobrevivente dos golpes que a vida lhe deu. A mulher de Peixes adora uma intriga e não se admire se ela se revelar vingativa, tanto nas relações íntimas como nas sociais.

Ela busca um refúgio emocional seguro, espera que acreditem na sua fantasia e quem sabe até que banquem seus delírios. O paradoxo é que se atrai por pessoas que a dominam, ao mesmo tempo que sente repulsa pela tirania nos relacionamentos. Quando alguém consegue lhe dar o suporte de que tanto precisa e orientá-la em suas confusões sem ser agressivo, é aí que ela se derrete toda. Sua delicada sensibilidade precisa de um vínculo inquestionável perante as vicissitudes da vida, alguém que não lhe faça perguntas, apenas aquiesça às suas necessidades. A pisciana pode ser uma falsa puritana; chegue mais perto e deixe que ela se ofereça sexualmente. Também costuma estar bastante disponível para vestir as fantasias sexuais do amante, quaisquer que sejam. O tal casamento espiritual para ela envolve a fusão sexual, mas é capaz de sublimar o sexo caso esse componente do parceiro não seja exatamente interessante. Sexo pode não ser o mais importante para que ela permaneça numa relação, e de qualquer maneira ela sempre pode se virar por aí sem que percebam. Há piscianas que precisam de êxtases constantes entre conquistas e o temor do abandono, mas há as que almejam mesmo a sorte de um amor tranquilo, com sabor de fruta mordida.

## ENCONTROS ASTRAIS DE PEIXES

**COM ÁRIES** É o que mais se permite arrebatar pela fúria amorosa de Áries, que fica mais confortável para se deixar envolver. Mas sempre existe o risco de mágoa e sufocamento.

**COM TOURO** Há uma compreensão mútua e silenciosa. Peixes oferece a devoção que Touro tanto aprecia, e Touro devolve em muitos agrados afetivos e sexuais.

**COM GÊMEOS** Peixes entende Gêmeos para além das palavras, e Gêmeos se sente absolutamente acolhido. Mas Gêmeos enrola, e Peixes se faz de bobo.

**COM CÂNCER** Em total entendimento romântico, se absorvem um no outro e vivem de imaginação. Mas podem ter certa dificuldade de lidar com as agruras do dia a dia.

**COM LEÃO** O encontro é inspirador. Eles se entregam às fantasias e vivem em mútua veneração. Mas Peixes pode ser um tanto escapista para a teimosia de Leão.

**COM VIRGEM** Peixes se infiltra com suavidade no psiquismo de Virgem, que se entrega. Virgem dá a forma de que Peixes tanto precisa e organiza sua vida. É um elo espiritual entre o sagrado e o profano.

**COM LIBRA** Ambos têm uma visão artística da vida e isso pode ser muito prolífico. Valorizam o casamento. Mas Libra é conceitual enquanto Peixes é emotivo.

**COM ESCORPIÃO** Podem tanto comungar quanto se afastar pelos insondáveis abismos de suas almas individuais. Mas mesmo no melhor cenário passam por altos e baixos; são muito trágicos.

**COM SAGITÁRIO** Compreendem e permitem a necessidade de isolamento e silêncio um do outro. Sagitário anseia por mergulhar e se perder, Peixes deseja mais alegria.

**COM CAPRICÓRNIO** Existe um encantamento que se assemelha mais à amizade do que à paixão, embora tudo comece com certa intensidade. Peixes satisfaz Capricórnio, que ajeita a vida de Peixes.

**COM AQUÁRIO** Cada um é espiritual à sua maneira, unem a ciência ao imaterial. Juntos alçam voos inimagináveis. Mas ambos precisam pôr os pés em terra firme.

**COM PEIXES** Cadê o casal que estava aqui? Passou para outra dimensão. São o sonho um do outro, mas às vezes a fantasia se revela desilusão. Por quê? Aos dois falta forma, e por isso se perdem.

## EROTISMO DE PEIXES

Romantismo, almas gêmeas, príncipes e princesas, dissimulação, sexo místico, fantasias, segredos, álcool, estimulantes, orgias, pés, sapatos, sujeição, escravização, vitimização, traição, sexo anal, sexo oral, sexo lento, preliminares eternas, arte, literatura, cinema, poesia, cartas, bilhetes, mensagens subliminares, indiretas, declarações de amor, analíngua, beijos profundos, divinização

## PERSONALIDADES DE PEIXES

Kurt Cobain, George Harrison, Rihanna, Drew Barrymore, Elizabeth Taylor, Elis Regina, Elke Maravilha, Jon Bon Jovi, Jack Kerouac, Johnny Cash, Albert Einstein, Chris Martin, Lou Reed, Juliette Binoche, Liza Minnelli, Cindy Crawford, Anaïs Nin, Edson Celulari, Jesus Cristo

# Classifi-cação dos signos

Antes de prosseguir para os próximos pontos astrológicos, é preciso saber que os doze signos são divididos de duas maneiras: por semelhança qualitativa, segundo a classificação dos elementos, e rítmica, segundo as modalidades. É através dessas interações que alguns signos tendem a se atrair, enquanto outros se repelem. Mas não há combinação perfeita, assim como não há signo que não dialogue com outro de nenhuma maneira. Apenas existem afinidades e diferenças, e certas interações fluem enquanto outras são mais tensas.

Entender o fundamento elementar e o modo operacional dos signos é o meio para associá-los e explorá-los nos relacionamentos em potencial. Aqui vamos falar em ênfase e falta, o que quer dizer que acontece de um indivíduo ter mais um tema do que outro, e que isso também deve ser levado em consideração no desenvolvimento da personalidade. E isso também influencia a forma como cada um se relaciona.

É disso que se trata a análise das compatibilidades astrais, afinal.

## OS ELEMENTOS

A primeira classificação é através dos quatro elementos: ar, água, fogo e terra. Eles representam diferentes formas de expressão da energia criadora da natureza, os construtores das estruturas da vida. Cada elemento é um tipo de consciência que opera no indivíduo, que responde a essa influência de maneira particular, dependendo de como se constitui o seu mapa de nascimento.

Há indivíduos com ênfase em um elemento e falta de outro, há quem os tenha distribuídos em equilíbrio pelo mapa. Eles estão relacionados com a psicologia, cada um em sua função psíquica: pensamento (ar), sentimento (água), intuição (fogo) e sensação (terra).

## FOGO

**SIGNOS** Áries, Leão, Sagitário

A expressão deste elemento tem a ver com inspiração e motivação, daí ele ser associado à função psíquica da intuição. Não fosse o fogo, a humanidade ainda estaria na Idade da Pedra. O fogo é elemento da transformação. É o Sol que dá à luz o mundo, é a chama interior que dá sentido à existência. Se a criatividade é uma centelha, pode-se dizer que os signos de fogo são grandes geradores. Por isso são também enérgicos, carismáticos e cheios de força de vontade.

Aqueles que têm esse elemento em predomínio no mapa se preocupam muito com a experiência de "ser". Mas quando isso é exagerado, podem ser acusados de egocêntricos. O fogo é o elemento do ego, a instituição psíquica responsável pela definição de uma identidade própria.

Em relação aos outros, as pessoas de fogo podem ser alegres e entusiasmantes, mas também impacientes com quem não compartilha da sua excitação. Elas se dão melhor com pessoas do tipo ar, que abanam suas chamas e cujas ideias fornecem estímulo para suas criações. Já com os tipos de água e terra podem ficar inibidos, por medo de serem extintos ou sufocados. Mas também podem aprender a sentir melhor (água) e a ser mais práticos (terra) em sua criatividade.

A falta deste elemento pode se manifestar como apatia, baixa autoestima e problemas para a realização dos potenciais individuais. Afinal, fica difícil se afirmar quando falta autoconfiança. Ou o contrário: na falta dele a pessoa também pode supercompensar o desenvolvimento do ego, como se tivesse este elemento em excesso. Mas quando equilibrado, o fogo pode alimentar o indivíduo com a força para não se acomodar e sempre buscar melhorar.

## AR

**SIGNOS** Gêmeos, Libra, Aquário

O ar corresponde à função psíquica do pensamento, é o elemento das ideias. Trata-se de uma função intelectual, e os indivíduos predominantemente aéreos são reflexivos, conceituadores, planejadores e precisam se comunicar.

É por isso que os signos de ar são tão sociáveis, conseguem dialogar e apreciar objetivamente os pensamentos de outras pessoas. Em teoria, são capazes de ter um ponto de vista imparcial, mas isso pode não ser tão simples. A interação com outros elementos, como a água, pode prejudicar o discernimento. Mas um indivíduo que tenha tanto ar quanto água no mapa também pode ser de uma grande inteligência emocional. Com a terra, o ar pode realizar suas ideias. Com o fogo, pode ser um pensador original.

Com excesso ou falta de ar no próprio mapa o indivíduo pode ser muito racional em detrimento das emoções, caracterizando frieza. O apego inflexível às ideias também pode levar ao fanatismo e à falta de pragmatismo — sabe aquela pessoa idealista, mas que não consegue fazer nada de prático?

O ar é um elemento de troca, é o que respiramos, passa pelos pulmões de todo mundo. Quando inspiramos e expiramos no fluxo da natureza, encontramos o nosso próprio ritmo.

Aqueles que têm ar em equilíbrio no mapa são os que conseguem estabelecer diálogos fluentes, respeitando diferenças de opiniões. São os que conseguem chegar a um denominador comum, a um acordo que mais beneficie todos os envolvidos. São os que sabem falar para uma grande audiência, mas também sabem ouvir. São os que ensinam, mas também aprendem.

## TERRA

**SIGNOS** Touro, Virgem, Capricórnio

Os signos de terra tendem a se guiar mais pelos cinco sentidos do corpo que pelas intuições, considerações teóricas ou as próprias emoções. Muitas vezes isso se manifesta como a postura do "ver para crer". Por isso eles nem sempre aproveitam outras dimensões da existência.

A terra é a sensualidade, é o desfrutar da comida, bebida, perfume, o toque. E é por gostar tanto disso que os signos terrenos se ocupam do labor, porque é assim que obtêm tais recursos. Mas eles não trabalham só para ter, trabalham porque são realizadores, se preocupam em consolidar as coisas.

São motivados pela necessidade de segurança, mas quando este elemento está desequilibrado no mapa, podem ter muito apego. Ou seja, medo da mudança e da perda. Como se "ser" equivalesse a "ter". A falta de terra inibe o senso prático, o excesso pode levar à teimosia, convencionalismo, previsibilidade.

A afinação com o elemento terra confere paciência, disciplina e persistência para construir, fazer dos projetos uma realidade, o que nesse mundo é prerrogativa de sucesso. Estes costumam ser os indivíduos mais confiáveis, porque são o que aparentam. O equilíbrio deste elemento é sinônimo de estabilidade.

O que a terra sempre oferece em suas interações com outras pessoas e elementos é esse senso de praticidade, possibilidade de realizar intenções (fogo) e ideias (ar). Mas a terra se dá melhor com água, a quem oferece o solo para se assegurar.

## ÁGUA

**SIGNOS** Câncer, Escorpião, Peixes

A função psíquica da água é o sentimento. Os signos deste elemento estão em contato predominante com o reino das emoções profundas, desde paixões, temores e compulsões até o amor que abrange toda a criação.

Porque a água não tem forma, podem faltar limites para aqueles que possuem a água em ênfase no mapa astral. Por isso eles procuram nos outros o recipiente que lhes sirva de molde. Daí sua necessidade visceral de estabelecer vínculos. Você pode perguntar: "Mas o ar também não é um elemento sem forma?". Sim, mas é diferente. Enquanto o ar passa levemente pelos pulmões de todo mundo, a água está dentro de cada um de nós, compõe cerca de 60% do nosso organismo. Compartilhá-la exige uma aproximação mais íntima.

O reino da água é o inconsciente, e os nativos desta natureza têm percepção de seu poder psíquico, mas nem sempre têm consciência do que os motiva. Tanto a falta como o excesso deste elemento podem levar ao desequilíbrio emocional, à dificuldade para compreender os próprios sentimentos e os dos outros. Em casos extremos, podemos encontrar pessoas insensíveis e incapazes de estabelecer relacionamentos satisfatórios de qualquer tipo.

Mas aqueles que têm água em equilíbrio no mapa podem reconhecer a força da submissão que a tudo conquista. Sua fonte se renova ininterruptamente pela própria natureza. A água fertiliza a terra e contorna os mais duros obstáculos, nada pode impedi-la de seguir seu caminho ao mar —isso sem falar no famoso ditado: água mole em pedra dura, tanto bate até que fura. Ela extingue o fogo ou, quando não pode derrotá-lo, transforma-se em vapor. Como tal, apropria-se do vento para conduzir-se cada vez mais longe, mas também pode saturar a atmosfera de tal modo que paralisa as correntes de ar. A água conquista submetendo-se: ao não atacar, sempre ganha a última batalha.

## AS MODALIDADES

Além dos elementos, podemos dividir os signos em modalidades, também chamadas de ritmos. Esta segunda designação é até mais autoexplicativa sobre o que o modo de um signo significa: é um modo operacional. Uma vibração energética, um pulsar, que é a forma como agem tanto na psique individual quanto na interação com os outros.

Assim como em relação aos elementos, cada pessoa também pode ter ênfase em certa modalidade e falta em outra. O que significa que vibram em determinada frequência e por isso tendem a sintonizar com certas dimensões da experiência. Existem três ritmos astrológicos: cardinal, fixo e mutável.

Nos relacionamentos, os signos de uma modalidade podem ter dificuldade para se entender, justamente por agir da mesma maneira, mas não deixa de ser um embate criativo. Já com signos de outros ritmos pode haver uma interação de forças mais dinâmicas para desenvolver certos assuntos, principalmente se forem do mesmo elemento ou do complementar.

### CARDINAL

**SIGNOS** Áries, Câncer, Libra, Capricórnio

A modalidade CARDINAL tem a ver com início. A palavra vem do latim e significa "fundamental". Seus signos configuram a cruz que define os ângulos do Ascendente/ Descendente, Fundo e Meio do Céu. Ou os pontos cardeais Norte/ Sul, Leste/ Oeste. E demarcam os solstícios e equinócios, ou seja, quando se iniciam as estações do ano.

Quando começa uma estação, o ritmo da natureza muda. Cardinal é uma força centrífuga, pega a energia que estava dispersa ou inerte e a direciona para um ponto específico. Ação: a energia impulsionada para uma meta é muito poderosa.

A ênfase na modalidade cardinal sugere uma personalidade impulsiva e pioneira, com capacidade de liderança e muita motivação pessoal. É o tipo empreendedor, que não espera, e sim faz acontecer. Em relação aos outros é competitivo, a depender do elemento em ênfase: fogo cardinal (Áries) é uma vontade de potência, ar cardinal (Libra) é influência mental, terra cardinal (Capricórnio) é força realizadora, água cardinal (Câncer) é poder de envolvimento.

## FIXO

**SIGNOS** Touro, Leão, Escorpião, Aquário

Sendo três modos, ao chegarmos ao fixo estamos bem no meio do processo. Já parou para pensar que cada estação tem três meses de duração? Então o primeiro mês é cardinal e o segundo, fixo. E o que acontece nesse momento? Não há mais a necessidade de iniciar nada, a semente já foi plantada. A natureza se direciona no sentido da manutenção e do desenvolvimento. A força que atua é centrípeta, concentrada em nutrir o que nasceu e garantir a sobrevivência e o crescimento.

Daí essa modalidade ser chamada fixa: há nisso tudo uma enorme resistência, instinto de preservação que se manifesta com menos urgência e mais lentidão porque preza a segurança. Mas é quando a energia vibra nesse nível que as coisas enfim se materializam, ou seja, tomam forma, ganham corpo.

A personalidade com ênfase no ritmo fixo tende à estabilidade. Em relação aos outros, é apegada e resistente à mudança: a terra fixa (Touro) é obstinada e consolidadora. O fogo fixo (Leão) tem inspiração criativa, mas sempre faz tudo do seu jeito. A água fixa (Escorpião) investe emocional e intensamente no que valoriza. O ar fixo (Aquário) jamais abre mão dos seus ideais, insiste em suas ideias, não desiste enquanto não alcança o que vislumbrou.

## MUTÁVEL

**SIGNOS** Gêmeos, Virgem, Sagitário, Peixes

No terceiro mês de uma estação do ano, o clima se prepara para mudar outra vez. A energia que, operando na forma fixa, estava concentrada na manutenção, agora se dispersa de forma espiralada, multilateral, variável e volúvel. É o impulso de expansão, de ir mais além do que já foi realizado, e que por isso não tem posição nem direção definidas: sabe aquela ideia de atirar para todos os lados, que em algum lugar pode acertar?

A energia mutável corresponde à ação em busca da transformação, concluindo o que foi iniciado na fase cardinal precedente e abrindo caminho para o próximo ciclo, quando a mudança será efetuada a partir de uma nova ação cardinal.

Se é de transformação que estamos falando, o eixo complementar Virgem-Peixes tem a ver com a mutação do passado: Virgem pela análise e questionamento do que está sendo realizado (terra), Peixes pelo envolvimento emocional (água). Esse é o eixo da conexão entre matéria e espírito e trata da purificação.

O eixo Gêmeos-Sagitário tem a ver com a mutação futura: Gêmeos pelo processamento de informações (ar) e Sagitário pela busca de conhecimento (fogo). Esse é o eixo da sabedoria e trata do sentido da existência.

A ênfase na modalidade mutável sugere uma personalidade eclética e adaptável. Por estar sempre em processo de mudança, portanto inconstante, pode ser indecisa e ambígua. Em relação aos outros, este é o modo da síntese: a possibilidade de integração dos opostos. O modo mutável consegue negociar.

# O Ascen-dente

QUAL O
SEU ESTILO?

Uma das maiores dúvidas sobre astrologia é do que se trata o Ascendente, este ponto do mapa tão popularmente conhecido e mal compreendido. Vamos começar pela explicação técnica: no momento do nascimento, o signo que se eleva no horizonte leste é o Ascendente. Simples assim.

Já quanto ao que representa para o indivíduo, o Ascendente é rico em significados. Para começar, é só por causa do Ascendente que o mapa astral é definido em suas doze casas, ocupadas por signos e planetas. O Ascendente é determinado pelo ponto de encontro entre data e hora mais a localidade do nascimento, daí sua especificidade. Nele está impresso o próprio conceito de nascimento, a marca da pessoa em todos os seus inícios pela vida. Para ilustrar essa imagem, pense em alguém chegando a um ambiente onde estão outras pessoas: como ela chega?

Então o Ascendente funciona como a porta de entrada do mapa, o ponto de comunicação entre o que está dentro — o ser — e o que está fora — o mundo. A visão de como as coisas são externamente o orienta sobre como se apresentar para interagir. Por exemplo, se vê as possibilidades como abundantes, pode se disponibilizar mais generosamente, mas se sente um clima tenso, pode se armar para o ataque e a defesa.

O signo Ascendente é o que parece mais próximo da Terra na ocasião do nascimento. Por isso ele também imprime sua qualidade no corpo físico do indivíduo, dando-lhe forma e sensibilidade. A pessoa tende a incorporar as características do Ascendente. E porque seu corpo é assim, quer vestir-se de acordo. Isso responde à pergunta inicial deste capítulo: qual o seu estilo? O Ascendente está a serviço do Sol para conferir-lhe uma identidade mais definida. Alguns têm senso estético mais apurado, outros estão mais preocupados em conhecimento.

Mas, ao contrário do signo do Sol, que a pessoa já é desde que nasce, o Ascendente é uma busca — ainda está ascendendo no horizonte, entende? Embora marque a infância (os primeiros anos são o início da vida), sua qualidade só é totalmente integrada com o tempo. A princípio, portanto, sua expressão é espontânea (a criança não se questiona como o adulto), mas é comum que, conforme a pessoa cresça, ela queira imprimir o seu jeito, e dependendo de como o signo Ascendente dialoga com o solar, isso pode não ser muito confortável. Alguns mapas têm complexos conflitos interiores, como um signo solar libertário e um Ascendente apegado. Como lidar? São essas misturas de influências que fazem cada pessoa única, e isso começa pelo relacionamento entre Sol e Ascendente. Incluindo as outras casas e planetas, então, imagine no que dá!

Dizem por aí que depois dos trinta anos a pessoa se torna o signo Ascendente, mas isso não é verdade. Acredito que esse mito venha do reconhecimento do Ascendente como uma busca e da evidência de como essa qualidade se apresenta melhor com o passar dos anos. Mas o indivíduo jamais deixa de ser seu Sol, apenas vai se tornando cada vez mais inteiro.

No mapa astral, do outro lado do Ascendente está o Descendente, que é o ponto onde o Sol se põe. O signo Descendente é sempre o oposto ao do Ascendente e nessa complementação representa o tipo de pessoa por quem o indivíduo se atrai. Então, para se relacionar diretamente em uma parceria amorosa ou mesmo profissional, a pessoa precisa de alguém que tenha as qualidades desse outro signo, sem necessariamente ser nativo dele. É interessante que seja, mas isso por si só não garante uma interação perfeita. Se outros aspectos dos mapas envolvidos se desentenderem, a coisa pode não funcionar. Há muitas outras formas pela qual esse outro que o eu busca pode ter aquela qualidade tão atraente. Pode ser seu Ascendente, Lua, Vênus, pode ser qualquer outro fator do mapa. Mas é principalmente o seu astral geral — de alguma maneira, o outro tem que ter aquele jeitinho. Vou explicar como isso funciona para cada signo Ascendente.

## ASCENDENTE EM ÁRIES

Pode-se imaginar que ter Áries logo de cara no Ascendente cause algum impacto. Esta pessoa chega na força de vontade e com isso não apenas chama atenção para si, como também assume o desafio de desbravar seu caminho. Ela quer, e tem que ser agora. O Ascendente Áries anda em estado de alerta e armado, porque está pronto tanto para se atirar de cabeça na experiência quanto para se defender das ameaças. Curiosidade interessante: no corpo humano, Áries rege a cabeça, e este Ascendente quase sempre tem uma cicatriz adivinha onde? Pode reparar. Quando esta qualidade é bem integrada, a pessoa é corajosa. Quando não sabe o que fazer de seus impulsos, a pessoa fica imprudente, reativa e até mesmo histérica, comprando briga à toa.

Há uma agressividade inevitável no Ascendente Áries, porque ele está se preparando para a conquista. Sob a perspectiva do Ascendente como uma qualidade a ser desenvolvida, pode ser mais fácil ou complexo para o indivíduo vestir a armadura de guerreiro. Se o signo solar for do elemento fogo, as energias se combinam; se for de ar, se excitam. Já um Sol de terra sente esse calor como um chamado a tomar mais iniciativas, e os com Sol de água, como uma pressão para ser mais penetrante. É preciso considerar o signo de Marte no mapa astral para saber como a pessoa expressa sua vontade.

Essa pessoa pode ter sido uma criança levada e hiperativa, no mínimo infantil e espontânea. As meninas de Ascendente Áries gostam mais de jogos e brincadeiras de ação com os meninos do que de bonecas. Atenção se uma criança de Ascendente Áries for tímida, pois este é um conflito psicológico que pode ficar grave, porque essa é uma energia extrovertida. Dependendo de como lida, a criança pode crescer mais confiante em sua potência ou reprimir sua vontade — o que é perigoso para a irritação e até mesmo a violência. De qualquer maneira, o Ascendente Áries é sempre mais impaciente, nem que isso se configure mais como ansiedade do que como proatividade. Tem que aprender a ser assertivo. É aconselhável que faça atividades físicas vigorosas, até porque o corpo desse Ascendente precisa de músculos, isso é um conforto para seu estado de prontidão.

Do outro lado do Ascendente Áries está o Descendente Libra, o que significa que a pessoa se atrai por alguém ponderado e elegante, que faça um contraponto à sua rudeza. Tendo tanta necessidade de ser decidido, é natural que goste de quem seja um tanto indeciso —

é claro que Áries Ascendente pode ficar meio contrariado com isso, mas também fica bem feliz em ter acatada, de alguma maneira, a primazia da sua vontade. O Ascendente Áries parte para a conquista de quem o seduz. Apaixonado, precisa de quem o acalme. Individualista, precisa de quem pense mais na relação.

## ASCENDENTE EM TOURO

Ter o mapa começando com Touro costuma ser sinônimo de vagarosidade. Este não é um Ascendente muito enérgico; ele é sensual, gosta de apreciar as experiências no seu próprio ritmo, ou seja, com calma — a não ser que outros fatores do mapa tenham inclinações mais ansiosas, daí a pessoa pode se expressar de maneira bem hedonista. Touro é regido por Vênus, e a influência dela no mapa astral indica a forma como o indivíduo expressa sua sensualidade e seu tempo de fazer as coisas. No Ascendente Touro, os cinco sentidos estão sempre ligados, mas não para reagir, e sim para sentir melhor. A pessoa que tem o Ascendente em Touro quer aproveitar o que está acontecendo — ou não. Como assim? Ora, quando a situação não é do seu agrado, ela empaca, resistindo a seguir em frente, a mudar. Touro pode ser um Ascendente bem teimoso. Em muitos casos, o seu tipo físico mais parrudo, ou seja, bovino, mesmo quando a pessoa é magra, descreve bem o tipo de personalidade ruminante.

Com o senso estético apurado, o Ascendente Touro costuma estar linda e confortavelmente vestido e perfumado, mesmo nos seus momentos mais relaxados. Aliás, Touro Ascendente é quase sempre bonito. É também bem afetuoso. Pode ser aquela pessoa gostosa, aberta à aproximação, do tipo que já chega abraçando. Mas nem sempre essa generosidade é assim tão explícita, isso depende de outros fatores do mapa. Se a pessoa tem o Sol em outro signo de terra, as necessidades materiais são intensificadas; com um signo de água, esse Ascendente funciona como um solo fértil para se segurar. Com signos de fogo, Touro Ascendente proporciona resiliência para consolidar propostas criativas; e com os signos de ar, pode ficar meio fixado nas próprias ideias, mas essa insistência pode ser fundamental para realizá-las.

De qualquer maneira, para o Ascendente Touro a questão é sempre trabalhar para concretizar seus propósitos. É possivelmente uma criança tranquila, carinhosa, gulosa e apegada, mas também pode ser insegura. Se a pessoa não tem em si mesma uma produtividade, precisa desenvolvê-la. Existe uma tendência de o Ascendente Touro ficar esperando pela condição de segurança para tomar uma atitude, enquanto se movimenta no seu passo de tartaruga. Ela pode ser resistente a ousar. Mas quando a qualidade perseverante é bem integrada, é justamente por priorizar a estabilidade que as realizações do Ascendente Touro são sólidas. Não é um Ascendente interessado em nada transitório.

Do outro lado do Ascendente Touro está o Descendente Escorpião, isto é, a pessoa se atrai por quem lhe ofereça um mistério e desafie sua previsibilidade, por alguém cuja turbulência evidencie a impermanência das coisas e estimule o desapego. Sendo o Ascendente Touro tão sedutor, é natural que precise de alguém que invista emocionalmente na conquista; em outras palavras, alguém apaixonado. Com o parceiro, o Ascendente Touro tem que enfrentar o desconhecido e entrar em contato com sua própria intensidade, pois as raízes mais seguras são as que se fincam no fundo da terra.

## ASCENDENTE EM GÊMEOS

Gêmeos é o Ascendente mais ambíguo do zodíaco, pois está de cara para a dualidade. Gêmeos Ascendente é mais que indeciso: ele não escolhe, dando um jeito de ficar com todas as opções. Como nem sempre as possibilidades são compatíveis, haja flexibilidade e até mesmo dissimulação para dar conta de tudo. Oh, sim, o Ascendente Gêmeos é dado a umas mentirinhas por aí — embora prefira dizer que apenas omitiu alguns pontos. Mas por mais que fique enrolando para não ser desmascarado, não se pode dizer que se sinta culpado por fazê-lo. Depende muito do caráter da pessoa, mas em geral Gêmeos Ascendente acha divertido o seu jogo de palavras, adora aparecer para logo em seguida dar um perdido.

Já que Gêmeos Ascendente está sempre dividido, é melhor que de alguma maneira assuma uma vida dupla. Isso não significa ter duas famílias em casas distintas, mas pode, por exemplo, ter dois empregos, ou uma atividade principal e outra paralela. Gêmeos Ascendente é muito curioso e precisa de novidades constantes, daí a inquietude. Desde criança é aquele tipo que mexe em tudo, tem a mãozinha nervosa. Isso pode lhe conferir habilidades manuais em muitos sentidos. Mas a questão do Ascendente Gêmeos é sobretudo a comunicação, pois ele precisa de movimento, troca, diálogo. É o tipo de pessoa que já chega falando com todo tipo de gente, se infiltra em qualquer lugar. Seu corpo, em geral flexível, ajuda nessa desenvoltura. Se não for assim, é porque existe algum conflito interior que impede a pessoa de se soltar.

Se Gêmeos for o Ascendente de outro signo do elemento ar, a pessoa tem estímulo para interagir mais e divulgar suas ideias. Se for de um signo de fogo, está em busca de novos interesses e referências que acrescentem ao seu desenvolvimento criativo. Se o indivíduo em questão tiver o Sol em terra, Gêmeos vai incitar a se mexer mais, a buscar novas experiências sensoriais, a relativizar até encontrar sua verdade e se estabelecer. Com signos de água, este Ascendente quer falar sobre o que sente, quer descrever as imaginações.

Do outro lado do Ascendente Gêmeos está o Descendente Sagitário, e o indivíduo em dúvida se atrai por alguém cheio de certezas e que tome a decisão que ele não consegue. Como na maioria das vezes o Ascendente Gêmeos fica na superfície dos assuntos e tem dificuldade de dar continuidade ao que foi iniciado, é natural que se atraia por alguém focado, definido e especialista, para assim ensiná-lo a ir mais além. E como está sempre com as anteninhas captando o que acontece ao redor, é inevitável que o Ascendente Gêmeos seja atraído por quem lhe parece mais interessante que todo o resto. Alguém que tenha assunto para a vida inteira. Com isso, o parceiro do Ascendente Gêmeos o ajuda a amadurecer, apontando-lhe uma direção na vida.

# ASCENDENTE EM CÂNCER

Em Câncer Ascendente, os olhos são aquosos, em muitos casos grandes — repare se não são olhos emocionados. Pode ser alguém que fique corado com frequência. O rosto tende a ser mais cheio, em formato lunar. O corpo costuma ser mais arredondado, mesmo se magro as curvas são acentuadas, e há algo de macio nele. O Ascendente Câncer parece pronto para envolver os outros com carinho. Isso porque a pessoa de Ascendente Câncer está buscando estabelecer contatos mais íntimos e criar vínculos. Mas nem por isso é aberta a todo mundo. É da natureza deste signo proteger-se quando se sente ameaçado. Em alguns casos, o Ascendente Câncer pode ser um querido, mas tímido ou retraído.

Câncer Ascendente tem uma percepção sensível do mundo e por isso é tão suscetível a se magoar. É como se fosse frágil demais para lidar com as rudezas da vida. Às vezes parece que pede para ser iludido. Seu humor é variável, e tem momentos de encantamento infantil. Dependendo do signo solar, a pessoa pode ser mais tranquila ou complexada com a necessidade de interagir com mais emoção. Os signos de água já sabem o que é isso, mas com Câncer Ascendente precisam se mostrar mais receptivos. Os signos de terra apresentam mais suavidade. Os de ar podem ficar meio perdidos em devaneios, algo distante. Os de fogo transbordam intensidade. Em qualquer caso, mesmo que o Ascendente seja essa intermediação do eu com os outros, em Câncer qualquer coisa que a pessoa apreenda do mundo é introjetada, até que ela possa responder segundo seu próprio sentimento. Como a Lua é regente de Câncer, é o signo da Lua da pessoa que define melhor a qualidade deste Ascendente.

Câncer é um signo de memória, e o Ascendente tem uma busca pelas raízes, um astral meio saudosista e até apego ao passado. Tem também um apreço por tudo o que é do universo lúdico das crianças, e às vezes isso se expressa no próprio estilo da pessoa, por exemplo em camisetas de personagens de desenhos animados. Mas pode ser que a pessoa desenvolva um estilo mais clássico, até porque, mesmo que seja essencialmente de um signo solar rebelde, com Câncer Ascendente é inevitável que valorize algumas tradições. O Ascendente Câncer pode gostar muito de moda, mas gosta mesmo é de conforto.

Do outro lado do Ascendente Câncer está o Descendente Capricórnio: a pessoa se atrai então por tipos sólidos que lhe ofereçam segurança emocional. Como o Ascendente Câncer muitas vezes está mais preocupado com seus relacionamentos do que com o trabalho, ele se coloca numa condição de dependência e precisa de quem seja realizador e lhe provenha a estrutura na qual se apoiar. Em contrapartida, o Ascendente Câncer oferece muito amor e compreensão e pode amolecer o coração do outro. Câncer Ascendente precisa de quem o estimule a realizar aquilo que imagina ao mesmo tempo que aceite ser cuidado. Câncer Ascendente pede colo, mas se sente mais pleno quando pode oferecer o seu.

## ASCENDENTE EM LEÃO

É de esperar que uma pessoa vestida de Leão chegue chegando, não é? Mas nem sempre é assim. É comum que o Ascendente Leão tenha uma postura felina e em muitos casos até a famosa juba, mas em termos de comportamento nem sempre este Ascendente costuma chamar tanta atenção para si. Este é o Ascendente que mais depende do signo solar para se afirmar. Isso porque Leão é regido pelo Sol, então a expressão de uma pessoa de Ascendente Leão vai remeter para o seu próprio signo de nascimento.

Em alguém que seja de um signo solar de fogo, este Ascendente vai realmente expressar sua brilhante personalidade, e a pessoa tende a ser mais autocentrada, mesmo que de uma criatividade inspiradora. Se ela for de um signo de ar, o Ascendente Leão chama à originalidade. Se for de água, pode ser meio dramático, mas também ser emocionalmente forte. Se for de terra, Leão Ascendente estimula a autoconfiança para trabalhar pelas próprias necessidades. Então, se a pessoa for de uma natureza mais intelectual, com o Ascendente Leão pode se tornar uma referência de conhecimento, e se for mais introspectiva, pode ser reconhecida por sua profundidade emocional. Criança brincalhona, a pessoa com este Ascendente precisa se expor mais, sem medo de explorar seu potencial criativo e de ser admirado pelo que é. Pode não estar interessada em literalmente subir num palco, mas quer um palco próprio para brilhar, nem que seja em território doméstico.

Como muitas vezes a pessoa de Ascendente Leão tem um problema de autoestima, precisa desenvolver mais autonomia para ser quem é, sem ficar tentando se adequar às expectativas alheias só para obter aplausos. Este Ascendente trata da espontaneidade, do conforto para se expressar segundo seus impulsos criativos. Mas em muitos casos a interação com os outros pode ser mascarada pelo orgulho. Há a tendência ao egoísmo e ao apego às próprias necessidades, de inflexibilidade para relativizar em relação aos outros, no mínimo de teimosia quanto à sua forma de compreender os outros. Qualquer possível tirania deve ser transformada em generosidade para que seus encontros sejam mais alegres.

Do outro lado do Ascendente Leão está o Descendente Aquário; a pessoa se atrai por quem não seja egocêntrico — ao contrário, que seja mais sociável, interativo, e que justamente por isso esteja disposto a orbitá-lo de alguma maneira, mas sendo independente o bastante para cuidar da própria vida, senão não seria tão interessante. O Ascendente Leão precisa de uma pessoa inteligente para abrir sua cabeça para novas ideias, que incentive sua criatividade a ousar seus padrões. Alguém que tenha o hábito de quebrar regras para desafiá-lo um pouquinho e que o ajude a rir mais de si mesmo.

## ASCENDENTE EM VIRGEM

Virgem no Ascendente é um olhar crítico sobre si mesmo e sobre a vida. Embora isso possa ser duro em alguns momentos, pode ser também um cuidado querido. O que o Ascendente Virgem busca é o aperfeiçoamento. Está interessado em realizar algo de (muito) boa qualidade. No que se propõe a fazer e também no seu jeito de se relacionar com os outros, o Ascendente Virgem está atento aos detalhes. Até mesmo seu corpo é bem delineado, na maioria das vezes um tipo mignon. Mas mesmo nos tipos mais altos existe pureza e jovialidade, no mínimo um estado de conservação. Precisão é a sua palavra. Daí as habilidades manuais, seja para escrever (sua caligrafia costuma ser belíssima), seja para o artesanato ou tratamentos corporais.

Mas Virgem é um Ascendente em geral tímido, no mínimo discreto. Desde criança inseguro de suas capacidades, costuma precisar de tempo para produzir alguma coisa. Precisa superar a tendência a não se sentir pronto ou bom o suficiente; tanta análise pode ser paralisante. E como signo mutável, o Ascendente Virgem também precisa de movimento, de se sentir útil e da sensação de estar chegando a algum lugar pelo esforço. Para isso, tem que desenvolver um método de trabalho, no qual possa se assegurar do passo a passo. Não há outro jeito para que fique satisfeito com o resultado. Virgem é regido por Mercúrio, e a influência de Mercúrio no mapa astral indica a forma como o indivíduo lida com o desenvolvimento das questões.

Daí a sua necessidade de rotina. Mas, dependendo do signo solar, a pessoa pode ter muita resistência a se organizar — e o Ascendente Virgem precisa disso pela saúde física e mental. O Ascendente Virgem precisa encarnar seu corpo com conforto, precisa estar desperto em seus cinco sentidos. Os signos solares de fogo podem ser os mais indisciplinados neste sentido e se impacientar com as minúcias; eles se sentem podados sem sua espontaneidade. Mas também podem dar forma à criatividade em riqueza de detalhes. Os signos de ar ficam mais focados e desenvolvem melhor suas ideias. Os de água ficam ainda mais delicados e femininos. Os de terra confirmam seu pendor para o trabalho dedicado. Em todo caso, o Ascendente Virgem é uma condição de excelência, uma lapidação.

Do outro lado do Ascendente Virgem está o Descendente Peixes; a pessoa se atrai por quem seja sensível para entendê-lo silenciosamente, por quem o envolva em sentimentos para que ele relaxe do exercício mental e se deixe fluir pela vida. Mas, como sempre precisa cuidar de melhorar a quem ama, o Ascendente Virgem precisa de alguém que seja receptivo à sua visão perfeccionista e se permita moldar um pouco. Alguém que em seu caos criativo faça um contraponto aos seus esquemas que não dão margem a erros, que o encante e, por isso, lhe permita sonhar.

## ASCENDENTE EM LIBRA

Se o Ascendente é um ponto que confere ao indivíduo maior definição de sua identidade, Libra, em sua perspectiva do espelho, está em busca de um outro alguém que o reflita. Ter o signo dos relacionamentos na linha de frente do mapa astral é estar de cara para o outro — e quem é você a partir desse encontro? O Ascendente Libra se dedica como nenhum outro à arte da sedução. Sua primeira preocupação é estética: quer vestir-se de beleza. Não que precise; é impressionante como as pessoas com este Ascendente são naturalmente bonitas. Mas ainda assim é vaidoso. Libra é regido por Vênus, e a influência dela no mapa astral indica a forma como a pessoa reflete o mundo.

Ao Ascendente Libra pode faltar a agressividade fundamental para afirmar sua vontade, preocupado que é em agradar. Por isso pode ter dificuldade de tomar decisões, ficando meio em cima do muro; não é dado a radicalismos. Isso depende do signo solar da pessoa, mas Libra Ascendente está sempre buscando o diálogo e em seu apelo pelo entendimento costuma ser o primeiro a fugir do conflito. Em muitos casos, o custo de conter seus impulsos pode ser caro — anular-se, por exemplo, é comum: Libra Ascendente tem muita dificuldade em dizer "não", embora também não seja muito de seguir os conselhos alheios. Muitos se contentam em ser um acompanhante agradável. Mas Libra é um signo de conteúdo, e este Ascendente também está interessado em desenvolver a própria inteligência. Com simpatia, sabe manipular as situações a seu favor, mas também pensando no bem-estar comum, porque não é um Ascendente de índole egoísta. A beleza de que trata Libra pode ser uma atração para os olhos, mas há um conteúdo por trás, ou isso tudo não passaria de uma casca.

Se Libra for o Ascendente de outro signo de ar, esse intelecto funciona em termos abstratos, ideais e pouco práticos. Se for de um signo de fogo, a pessoa busca mais razão para equilibrar suas paixões. Se Libra estiver vestindo um Sol em terra, pode se pautar por regras e convenções sociais, nem que seja por dialética. Se a pessoa for de água, Libra Ascendente estimula a qualidade artística e romântica. Para todo signo solar, o Ascendente Libra é sempre um estímulo para a harmonização, o que pode ser mais difícil, dependendo do estado de desequilíbrio.

Do outro lado do Ascendente Libra está o Descendente Áries; a pessoa tende a se atrair por alguém impetuoso e voluntarioso, alguém cheio de energia e que desafie sua capacidade de ponderar, alguém agressivo que precise de refinamento — ou seja, um tipo entusiasmado que torne sua vida mais emocionante. E também que seja mais individualista, para que Libra Ascendente possa aprender a se afirmar enquanto se posiciona estrategicamente em parceria. Ele se interessa por aquele que, mobilizado pela conquista, permita a Libra Ascendente exercitar todo o seu poder de atração.

## ASCENDENTE EM ESCORPIÃO

Há uma qualidade misteriosa no Ascendente Escorpião, mais ou menos explícita, dependendo do signo solar e de outros fatores do mapa astral: em geral, este não é um Ascendente que goste de expor suas intenções. O Ascendente Escorpião pode ser bem desconfiado, nasceu com uma habilidade de enxergar como que por raio X para além das aparências. Como dificilmente se engana em suas percepções, o Ascendente Escorpião prefere observar. Se deixa para agir friamente em momento calculado, também depende. É claro que Escorpião Ascendente se beneficia da contenção até verificar o melhor momento para se manifestar, mas

Escorpião é um signo passional, e em muitos casos a pessoa precisa expressar seus sentimentos em toda a sua intensidade.

A pessoa de Escorpião Ascendente pode ser do tipo "ame ou odeie", porque de alguma maneira ela incomoda, tenha consciência disso ou não. Seja porque se oculta por trás de óculos escuros, seja porque se veste de sexualidade, sua presença mexe com o psiquismo alheio e catalisa transformações nos ambientes por onde passa. São seus os olhos penetrantes que hipnotizam e fazem com os que os outros se revelem. Este é seu poder, mas o que pretende com isso é relativo: signo não determina o caráter de ninguém, evite acusar Escorpião de alguma coisa baseado nesta descrição. Isso posto, é verdade que Escorpião Ascendente pode precisar aprender a ver beleza na lama e ter amor apesar da malícia. Pode ser difícil, mas o que o Ascendente Escorpião busca, além de descobrir segredos, é uma ligação íntima, profunda, visceral.

É comum que o nascimento do Ascendente Escorpião tenha sido difícil, por causa do parto ou de alguma situação que a mãe ou a família estava vivendo. É como se este Ascendente já tivesse nascido de cara para a dor. Mas nem sempre o que acontecia de fato na época é revelado pelos envolvidos. Se Escorpião for o Ascendente de outro signo de água, vai mais fundo nos sentimentos, muitas vezes purgando-os. Se estiver definindo melhor um signo de terra, intensifica a ambição. Se a pessoa tiver o Sol em fogo, a libido é vulcânica, tanto no sentido criativo quanto no destrutivo. Se for de um signo de ar, o poder é sobretudo mental, manipulativo.

Do outro lado do Ascendente Escorpião está o Descendente Touro; a pessoa se atrai por quem possa lhe oferecer mistério na dose certa e que, após o desafio inicial, aceite permanecer tranquilo ao seu lado. O Ascendente Escorpião precisa de alguém em quem possa confiar. Instável, necessita de quem lhe ofereça segurança e estabilidade. Alguém que não o questione e que cuide, mesmo que o Ascendente Escorpião se defenda de vez em quando; que seja mais doce, mas sempre sensual para satisfazer seus desejos; que não se canse dos seus constantes processos catárticos.

## ASCENDENTE EM SAGITÁRIO

O Ascendente Sagitário nasceu para se expandir em algum sentido. Até mesmo seu corpo tende a ser maior e mais largo, de constituição forte, quadris generosos, feições equinas, e as mulheres, com cabelos que mais parecem crinas. Qual é o interesse que o motiva a ir mais além? Isso depende de outros aspectos do mapa astral, mas o Ascendente Sagitário nasceu com vontade de aprender mais, e por isso pode ser um estudioso. Também pode buscar mais conhecimento através de viagens ou da espiritualidade, mesmo que não seja religioso. Ao mesmo tempo que alarga as fronteiras, Sagitário Ascendente também reivindica seu próprio espaço. Precisa se sentir autônomo em algum sentido, não necessariamente para não se relacionar com ninguém, porque há calor e desejo neste Ascendente, mas de vez em quando pode querer ficar sozinho em busca de suas respostas interiores. Sagitário Ascendente é muito honesto sobre suas necessidades, sua franqueza é cavalar.

O Ascendente Sagitário está em busca da verdade — de quem? Pode até ser que acredite no que dizem os outros, que precise de algum guia ou mestre que lhe apresente um caminho; ainda assim, Sagitário Ascendente terá que percorrê-lo com suas próprias pernas. É disso que se trata a definição de sua individualidade: pensar com a própria cabeça. Mas pode ser que, até que chegue nesse lugar, bata muita cabeça com ideias que não dizem nada, dogmas e moralismos. Em essência, Sagitário é um Ascendente alegre, bem-humorado, otimista e fervoroso. Mas nas situações e com as pessoas que não são do seu agrado, pode ser bastante intolerante. De qualquer maneira, o Ascendente Sagitário precisa comunicar sua sabedoria ao mundo, e nisso é muito generoso.

O Ascendente Sagitário está aí para viver e, de preferência, bem. Imbuído do seu sentido de prosperidade, pretende estender a mão e pegar o que quiser. Se Sagitário for o Ascendente de outro signo de fogo, a pessoa só quer saber de "mais"; é como se ele exagerasse as características essenciais dela. Se for o Ascendente de um signo de ar, é possível que ela se torne um especialista num tema, tamanha a sua capacidade de desenvolvê-lo. Com um signo de terra, desafia a um entendimento maior sobre a experiência de viver. Sendo o Ascendente de um signo de água, a necessidade de espiritualização é ainda mais forte, se não a pessoa se sente perdida.

Do outro lado do Ascendente Sagitário está o Descendente Gêmeos; isto é, a pessoa se atrai por quem fica fascinado com seu conhecimento, a quem ela possa parecer a criatura mais interessante do mundo. Sendo tão cheio de certezas, precisa de alguém que lhe apresente a dúvida, a quem possa orientar. Sagitário Ascendente quer alguém que experimente, erre, desista e comece de novo, mas que jamais pare. Uma pessoa flexível que lhe apresente outras ideias, para que ele mesmo evolua ainda mais.

## ASCENDENTE EM CAPRICÓRNIO

Em geral, Capricórnio Ascendente é um indício de que o indivíduo só vai se sentir confortável para se realizar na maturidade. E quando seria isso? Não antes dos trinta anos, pois só depois do primeiro Retorno de Saturno a pessoa se sente mais preparada para ser quem ela é. A saber: o Retorno de Saturno é o próprio amadurecimento. Antes disso, pode ser que, tão preocupada em ser autossuficiente e em dar certo na vida com o máximo de segurança possível, a pessoa priorize o que é socialmente aprovado e de retorno garantido. O Ascendente Capricórnio é pragmático, tem pulso firme e valoriza o status mundano. Quer mostrar-se sólido e confiável. Enxerga o mundo como uma dureza de obstáculos a superar até que alcance o sucesso. Nisso, pode ser que Capricórnio Ascendente assuma responsabilidades de adulto desde cedo, sendo bastante tenso e exigente consigo e com os outros.

A infância do Ascendente Capricórnio tende a ser mais séria, mesmo que ele seja uma criança comum. No íntimo, ela se cobra demais e já está pensando em tudo o que vai ter que fazer quando crescer. Conforme vai se desenvolvendo o desconforto com essa fase de preparação, fica evidente e pode ser que a pessoa manifeste alguma rebeldia contra tanta (auto)limitação, indo contra tudo o que foi descrito. Dependendo de outros fatores do mapa, pode ser muito difícil para o Ascendente Capricórnio expressar seu senso de dever. Mas não tem jeito, cedo ou tarde a pressão da insatisfação bate na porta e aí é preciso se esforçar em busca da realização pessoal. O Ascendente Capricórnio gosta mais de si mesmo quando, mais velho, já ultrapassou esses desafios.

Vestindo um corpo de estrutura óssea marcante e pele em geral mais grossa, o Ascendente Capricórnio busca a ordem. Precisa enfrentar sua tendência pessimista e assumir a liderança, entendendo que nem tudo está sob seu controle. Se estiver a serviço de um signo solar do elemento terra, a pessoa entende o processo do tempo e da experiência. Se for de um Sol em água, busca solidez. Se Capricórnio for o Ascendente de alguém de fogo, a ambição é enorme e o ego pode ser bem defensivo. Se for de um ser de ar, a razão predomina em senso de estratégia.

Do outro lado do Ascendente Capricórnio está o Descendente Câncer: a pessoa se atrai por alguém com uma sensibilidade que dissolva sua rigidez, por quem o envolva de doçura. Capricórnio Ascendente precisa que dependam dele como provedor de uma estrutura. Quer alguém que, em sua delicadeza, consiga se infiltrar na sua vida e o tire desse lugar solitário em que tão facilmente se coloca. Capricórnio Ascendente precisa de quem o emocione para soltar sua sensualidade e abrir seu coração, expressando, entre outras coisas, todo o seu tesão.

## ASCENDENTE EM AQUÁRIO

Aquário é um signo social, e este Ascendente interage de forma inteligente e dinâmica com o mundo. O Ascendente Aquário tem uma disposição alegre e desprendida, que facilita seu contato com os outros. Sua postura amigável costuma ser bem recebida e sua presença, requerida. Mas é claro que toda essa abertura depende de outros fatores do mapa de nascimento, pois este Ascendente pode justamente solicitar ao indivíduo que se permita a liberdade de ser — mesmo que isso signifique parecer estranho aos olhos dos outros. De alguma maneira, o Ascendente Aquário nasceu para expressar sua diferença. Pode ser que desde criança tenha se sentido esquisito na própria família ou escola, e assim tenha aprendido que é preciso ser legal para que todo mundo se entenda, cada um do seu jeito. Ou não, pode ser que tenha chegado à conclusão de que é preciso ser do contra para que os outros saiam da zona de conforto. Aquário Ascendente se compraz em ser meio rebelde.

O Ascendente Aquário busca a humanidade, tanto no sentido de cair no mundo como de ser humanitário. Por isso é que, por mais que suas relações sociais sejam animadas, há algo de impessoal nelas. Aquário Ascendente não se permite apegar. É como se o indivíduo não estivesse exatamente aqui, mas em algum lugar futuro em busca de seu ideal. Em termos de realização, este Ascendente projeta tudo para depois, e nisso pode viver só de promessa, a não ser que tenha em seu mapa aspectos mais pé no chão, ou que realmente assuma uma causa pessoal. Além disso, nem sempre aquilo que aparenta é verdadeiro. O Ascendente Aquário é um dos mais propensos a vestir uma máscara de elevação para dissimular seus sentimentos. Não tem nenhum interesse em mostrar-se... humano. Contradições.

Se Aquário for o Ascendente de outro signo de ar, a pessoa pode ser realmente muito inteligente, mas também ainda mais idealista e distante dos aspectos práticos da existência. Com um signo de fogo, Aquário Ascendente é visionário e desinibido. Com o Sol no elemento terra, incita a pessoa a quebrar seus próprios padrões endurecidos e ousar. A serviço da água, pretende se relacionar com mais amizade que paixão, embora até possa nutrir ideais românticos. Ou tenha um pendor para chocar o(s) outro(s) com seu despudor.

Do outro lado do Ascendente Aquário está o Descendente Leão, e a pessoa se atrai por quem seja autocentrado. Em todo o seu desapego, Aquário Ascendente só fica quando pode orbitar alguém tão voltado para suas próprias necessidades que lhe dê espaço para cuidar dos seus próprios interesses. É que o Ascendente Aquário admira e adora orbitar essas figuras centralizadoras que têm o sentido de eu que lhe falta. E que com isso trazem paixão para sua vida, mas sem ser sentimental, porque com isso ele não sabe lidar.

## ASCENDENTE EM PEIXES

Assim como o signo solar, o Ascendente Peixes é o mais sem forma do zodíaco. Que cara ele tem? Muitas vezes tem o rosto afilado de peixe ou olhos grandes de sapo, pés de pato de quem ainda está nadando — repare —, mas nem sempre. Como se veste? Segundo o humor ou a moda, o que não deixa de ser uma fantasia. É como se o Ascendente Peixes tivesse nascido pronto para ser moldado de acordo com a necessidade. Mas também pode ser bem despreocupado em reagir às tendências sociais. Tem sobretudo uma capacidade de encantar os outros, o que também podemos chamar de carisma. De certa maneira, é esta a função de sua enorme sensibilidade: doar-se para o ambiente, o trabalho ou a relação em que se encontra. Em geral, sua natureza é romântica e míope, pois ele tem dificuldade de enxergar a si mesmo e a realidade. Parece que está imerso na névoa: se por um lado precisa apertar os olhinhos para ver melhor, por outro está caminhando para uma dimensão mais além e percebendo outras nuances.

O Ascendente Peixes pode ser suave, mas em muitos casos tímido e melancólico. Não é um Ascendente de expressão esfuziante; embora tenha seus momentos — é verdade que às vezes parece que "baixa um santo" —, precisa aprender a mostrar o que quer. Peixes Ascendente precisa abraçar a vida com poesia, está em busca de desenvolver a espiritualidade, o que pode ser feito tanto através da intuição quanto da religião ou da arte. Se isso for muito complicado para o indivíduo, pode procurar todo tipo de estimulante para chegar lá. Peixes Ascendente é muito suscetível a vícios. A pessoa pode ser muito trabalhadora, mas com Peixes Ascendente adora se refugiar na imaginação, silenciar, sair de cena. Mesmo quando está interagindo pode ser escorregadia, é difícil retê-la. Entre o reservatório de ressentimentos e a enorme capacidade de perdoar, Peixes Ascendente pode ser manipulativo.

Se Peixes for o Ascendente de outro signo de água, é como se o indivíduo estivesse escoando suas emoções para algo maior e mais sublime, é uma entrega. Se a pessoa tiver o signo solar no elemento terra, precisa trabalhar com a imaginação de alguma maneira. Se for de ar, pode ser um tanto mediúnica. Não se pode dizer exatamente de onde vêm suas ideias; como uma esponja, parece absorver sentimentos e necessidades do ambiente e das outras pessoas. Se Peixes Ascendente estiver servindo a um signo de fogo, a pessoa vive em constante ebulição com seus sentimentos.

Do outro lado do Ascendente Peixes está o Descendente Virgem; a pessoa se atrai por quem seja mais analítico e ofereça a precisão que lhe falta. Por quem estabeleça limites, seja um recipiente para contê-lo e protegê-lo. Porque é muito envolvente, o Ascendente Peixes precisa de alguém mais seco a quem encharcar de amor, alguém com dificuldade de se deixar levar para que ele ensine a fluir.

# A Lua

## A EMOÇÃO E O ENVOLVIMENTO

A Lua é o satélite da Terra, é o corpo celeste mais próximo de nós. É quase como se pudéssemos estender a mão e tocá-la. Enquanto o Sol ilumina os dias, a Lua acalenta as noites. Se o Sol aquece, a Lua esfria. Se o Sol é o princípio masculino da consciência, a Lua é o feminino e o inconsciente. Sol e Lua se relacionam intimamente como dois pares complementares. Como a Lua não tem luz própria e reflete a solar, o que percebemos dela é um vislumbre da dança eterna entre ambos.

Por estar tão perto, a Lua é o astro que se movimenta mais rapidamente pelo zodíaco: em 28 dias percorre os doze signos e recomeça tudo outra vez. É portanto quem nos dá a melhor noção da passagem do tempo. Tudo no planeta parece reagir às fases da Lua: as marés, o crescimento dos vegetais, os instintos animais e o nosso humor. Quem não fica mais introspectivo quando a Lua está minguando até desaparecer do céu? Quem não fica exaltado sob a lua cheia? Infelizmente fomos perdendo o contato íntimo com a natureza e o hábito de acompanhar o movimento das estrelas, que mal enxergamos através da intensa luminosidade das cidades. Mas, assim como o Sol, não há como deixar de ver a Lua. Imensa e majestosa, ela se impõe todas as noites, mesmo quando não pode ser vista. Fascinados, nós a observamos com os mesmos olhos encantados dos primórdios da humanidade: "Olha a Lua!".

Essa proximidade nos traz uma sensação de aconchego e pertencimento, como se fôssemos íntimos da Lua. E somos: ela é a nossa mãe, assim como o Sol é o nosso pai. Desde o útero somos Lua, fecundados pelo espírito criativo do Sol, mas ainda em formação. Quando bebês, não sabemos pensar, mas podemos sentir e também somos totalmente lunares. A princípio, sentimos como se fôssemos uma extensão da mãe, precisamos dela para preencher nossas necessidades, que nesse primeiro momento não são mais que alimento, proteção e amor.

Então isso é a Lua no mapa: o vínculo que estabelecemos com a mãe e que é tão significativo na maneira como tendemos a nos envolver com os outros. Entenda "mãe" aqui como a própria figura materna, mas também como quem quer que faça o papel desta, como por exemplo no caso de adoção. Estenda o significado da Lua também para a família como um todo, porque de certa maneira o ambiente lunar também descreve a sensação do clã — ou do lar, abrangendo a casa física, ou ainda do corpo em suas necessidades fisiológicas. A Lua é a regente de Câncer, por isso sua expressão se assemelha tanto à deste signo.

Às vezes as pessoas questionam: seu signo lunar não tem nada a ver com o signo de sua mãe, como pode ser isso? É comum que numa mesma família cada filho tenha uma Lua diferente e uma mesma mãe. Isto porque a Lua não descreve a mãe como ela é de fato, mas como é para o indivíduo, ou seja, como é percebida pelo filho, como é a natureza desse relacionamento específico. Irmãos podem se relacionar de formas diferentes com a mesma mãe — há filhos supostamente preferidos enquanto outros se sentem rejeitados. Mais tarde a Lua se torna a qualidade que define como a pessoa cuida dos outros, por exemplo seus próprios filhos. Há quem seja mais dependente, há os mais desapegados.

A Lua descreve o astral emocional de um indivíduo. Como se sente, o que o nutre, o que considera proteção? O que proporciona conforto, o que entende por bem-estar? A Lua é a sensibilidade. A imaginação. É a memória, o hábito e a saudade. É também a forma como se expressa o sentimento. Em um relacionamento é preciso respeitar o jeito do outro. Se não houver interação emocional, não há intimidade.

Sobre relacionamentos, como interagem as Luas? Da mesma forma que acontece com o Sol, há signos que se entendem melhor e outros que conflitam. A análise dos elementos e das modalidades também se adapta ao relacionamento lunar. Mas aqui cabe ainda outra avaliação: podemos considerar um relacionamento sob a perspectiva do encontro entre Sol e Lua. Por exemplo, o Sol de um no mesmo signo da Lua de outro é um casamento perfeito (é claro que depende se os outros fatores dos mapas dos envolvidos vão dialogar tão bem, mas já é um começo!). Sol e Lua dos envolvidos em signos complementares também têm uma dinâmica interessante. Em signos do mesmo elemento há uma sintonia fina. Se forem da mesma modalidade, há tensão. Mas é melhor ler a descrição de cada tipo lunar para entender como isso tudo pode funcionar.

## LUA EM ÁRIES

Do que precisa a Lua em Áries para se sentir bem? Ação é a resposta imediata, bem ao espírito dessa Lua reativa e combativa. A inquietude da Lua em Áries precisa ser extravasada em movimento direto e urgente, porque sua excitação inflamável não costuma ser paciente com bloqueios, recusas, atrasos e indecisões. A Lua em Áries espera respostas positivas às suas necessidades e tem baixíssima tolerância às frustrações. Mas isso não quer dizer que seja sempre irritada; sua espontaneidade pode ser muito alegre e empolgada.

A Lua em Áries parece estar sempre em estado de tensão e pode ser bem explosiva em situações desconfortáveis. Aliás, é justamente porque põe para fora o que sente que a Lua em Áries pode superar rápido suas questões. Mas é claro que há formas mais delicadas de fazê-lo, e nisso a Lua em Áries pode perder. O temperamento do indivíduo que tem a Lua em Áries depende em grande parte de outros fatores do mapa astral e também do momento da vida em que se encontra. A Lua em Áries pode ser tanto a força emocional que luta pelas próprias necessidades sem ficar dependendo de ninguém, como pode ser a cólera que não aguenta a pressão e chuta baldes por aí.

Quando apaixonada, a Lua em Áries não aguenta ficar esperando, precisa se mobilizar pela conquista. Mas isso pode não ser fácil para o indivíduo se outros aspectos do seu mapa forem de inclinação mais passiva, principalmente o signo de seu Marte natal. Como regente de Áries, Marte é quem vai agir em nome dessa Lua. Um Marte reticente e pronto, a Lua em Áries fica raivosa pela sua própria impotência em lidar com suas paixões. A Lua em Áries costuma se envolver numa dinâmica de competição, como se precisasse estar em guerra para ter seu coração batendo. O relacionamento para a Lua em Áries é sempre um torneio, seja para ter controle sobre o outro, seja por causa da concorrência de outros.

É uma Lua que pode ter dificuldade em se desenvolver emocionalmente, permanecendo eventualmente num estado infantil mesmo mais tarde na vida. O que seria uma Lua em Áries madura? Seria a coragem para enfrentar os desafios da vida sem desanimar, a capacidade de conter seus impulsos agressivos até canalizá-los para propósitos mais criativos. Seria conseguir ser bem-humorada e menos resmungona mesmo diante de situações complicadas. A Lua em Áries não é muito de cuidar dos outros e, quando o faz, pode ser de um jeito meio descuidado e ríspido. Não é em essência uma Lua maternal, mas a pessoa pode querer ter filhos, e aí? Daí que ela pode ser um pai ou mãe impaciente, que precisa estar atento a sua própria tendência a brigar por tudo. A Lua em Áries pode ser bem mandona. De alguma forma captou da própria mãe esse instinto mais agressivo ou mesmo certa infantilidade na maternidade.

A Lua em Áries precisa se relacionar com pessoas igualmente ágeis e assertivas, pois tem problemas para respeitar o ritmo alheio. Está disposta a incentivar os outros, mas ainda assim precisa obter resultados rápido, caso contrário pode perder as estribeiras. Uma relação com a Lua em Áries que já começa com conflito dificilmente adquire outro tom, a não ser que seja alguém mais forte para dobrá-la com jeitinho, porque ela não reage bem a porradas. Quanto mais desafiada, mais a Lua em Áries se arma. Mas se for um jogo doce de amor...

## LUA EM TOURO

A Lua em Touro é gostosa: afetuosa e erótica, não há no zodíaco abraço mais envolvente e desejado. Em muitos sentidos, a Lua em Touro pode ser ainda mais reconfortante que a Lua em seu próprio signo, Câncer. A Lua em Touro não trata apenas do sentimento, mas também das suas necessidades materiais, ou seja, da sobrevivência. A Lua em Touro cuida pra valer: trabalha, ganha dinheiro, administra não apenas os próprios recursos, mas de toda a família, poupa, investe, sensualiza, cozinha, cuida da casa, do marido ou da esposa, dos filhos, de todo mundo que ama. Se não se sente sobrecarregada? Muitas vezes! Mas nem por isso deixa de se oferecer generosamente. Ela recebeu esse cuidado, é natural que se comporte assim com os outros.

Assim é a Lua em Touro em essência, mas pode ser que o indivíduo tenha que amadurecer até desenvolver esse cuidado genuíno. A Lua em Touro precisa sobretudo de segurança, e enquanto não goza dessa condição pode ser bem obsessiva em suas necessidades. Por exemplo em relação ao dinheiro, este tema tão delicado para a Lua em Touro: ela pode ser demasiado econômica pelo medo da falta; em casos extremos, até avarenta. Pode preferir ter menos agora só para garantir uma caderneta de poupança para o caso de uma "emergência". Quer vê-la pirar? É só ficar desempregada, com dívidas ou em qualquer situação de instabilidade financeira. Em relação aos bens, também pode ser bem parcimoniosa no uso pelo medo de gastar. A Lua em Touro pode não gostar de compartilhar suas coisas por medo de perder. É a típica criança que diz "É meu!". Não é uma Lua que se lance em empreitadas arriscadas, precisa de garantias mínimas. A não ser que outros fatores do mapa incitem ousadias — mas, ainda assim, a que custo emocional para a Lua em Touro?

Nos relacionamentos, sua necessidade de segurança pode ser ainda mais visceral. A Lua em Touro precisa de tempo para estabelecer um relacionamento, por mais apaixonada que esteja. Antes de assumir seus sentimentos, testa para ver se o outro é mesmo confiável. Seu medo de se envolver e depois perder é tão grande que pode ser bem reticente para tomar qualquer iniciativa, mesmo que outros fatores do mapa astral sejam mais atirados. A Lua em Touro prefere que a intimidade aconteça com naturalidade, como uma experiência sensual dedicada. Uma vez envolvida, tem que ser para sempre: possessiva, a Lua em Touro não admite traições nem abandonos. Não queira vê-la sofrer por isso: extremamente apegada, é capaz de morrer.

A Lua em Touro precisa de estabilidade, o que também é sinônimo de tempo para fazer as coisas no seu próprio ritmo. Apressá-la significa gerar uma ansiedade improdutiva; forçá-la a fazer algo que não quer é ter que lidar com sua teimosia. Mas quando a vida está tranquila, a Lua em Touro é doce, respeitosa, acolhedora, nutritiva. É só deixá-la materialmente confortável para ser do seu jeitinho que ela se entrega aos prazeres como se não houvesse amanhã. A Lua em Touro precisa de oportunidades para relaxar do estresse de ter que trabalhar para se prover e se permitir certa preguiça de vez em quando. Mas nada em excesso: uma Lua em Touro que não precise trabalhar e que seja dependente pode ser de uma preguiça difícil de carregar.

## LUA EM GÊMEOS

Mais que sentir, a Lua em Gêmeos quer entender o que sente. Mas isso não quer dizer que seja fria e racional, ao contrário: a Lua em Gêmeos é até bastante emocional, porém num sentido inquieto, porque pode transitar rapidamente de um estado eufórico ao desanimado e parece que está se analisando o tempo inteiro. Cá entre nós, a descrição mais comum da Lua em Gêmeos é "bipolar". Trata-se de uma brincadeira, claro, e a Lua em Gêmeos é a primeira a rir disso, porque humor não lhe falta. Ter a Lua em Gêmeos não significa necessariamente que o indivíduo vá desenvolver uma doença psíquica, apenas que é oscilante. Perspicaz. E meio maluquete, porque fica tentando racionalizar o irracional.

Ora, Gêmeos é o signo da ambiguidade. Imagina no que isso dá quando se trata de emoção. Mas nem todos os indivíduos com Lua em Gêmeos são explicitamente contraditórios, isso depende das outras inclinações do mapa. É comum que seja alguém agradável, disponível para dialogar, interessado em interagir com quem tem a ensinar. Bem-estar para a Lua em Gêmeos é se manter informada, ter sua curiosidade constantemente alimentada. Mas a Lua em Gêmeos também flerta com as sombras, e não é por apego ou visceralidade — é porque não sabe se gosta mesmo ou não, se fica ou não. Do outro lado sempre tem esse "ou não", entende? Não? Nem a Lua em Gêmeos.

A Lua em Gêmeos se envolve por afinidade intelectual, precisa ter interesses em comum para estabelecer vínculos com outra pessoa. Por mais curiosa que seja, no quesito intimidade não costuma ficar com alguém de um universo muito diferente, prefere deixar essas incursões para o âmbito social. Sua casa tem que ser seu meio ambiente. A Lua em Gêmeos é sociável, mas não é eclética como o Sol no signo. Além disso, a Lua em Gêmeos precisa de relacionamentos leves, pois não é dada a compartilhar intensidades. Isso ela prefere reservar para si, e fica intimidada com o caos e a vulnerabilidade dos outros. A Lua em Gêmeos pode expressar sua paixão de muitas formas enquanto se debate com elas, mas se sente mais à vontade em relações que não exijam demais dela e, em muitos casos, que sejam duradouras. Algo se remexe ali dentro ansiando por novidade.

A Lua em Gêmeos lida mal com o tédio, e o indivíduo dificilmente faz o tipo silencioso. Mas até pode ser, se colocar as emoções em outros lugares, como na escrita. A Lua em Gêmeos pode não gostar de ficar muito em casa, mas também pode gostar de receber em casa. Suas paredes podem ser feitas de livros, repleta de referências culturais múltiplas. O lar é moderno e prático. A Lua em Gêmeos precisa do conforto do conhecimento. Ela provavelmente foi criada em um ambiente intelectual ou no mínimo estimulante para as ideias e entendeu isso como um cuidado amoroso. Talvez sua própria mãe seja simpática, mundana ou mesmo um tanto ambígua quanto à maternidade. Então, quanto mais consciente do que sente, mais confortável a Lua em Gêmeos fica. É como se precisasse disso para se sentir segura. Mas nem sempre o sentimento é explicável em palavras, e a Lua em Gêmeos precisa se permitir sentir mais e pensar menos.

## LUA EM CÂNCER

A Lua em Câncer está em casa, pois este é o signo que está sob sua regência. Por isso, a Lua em Câncer tem a plena expressão de tudo o que a Lua significa: emoção, nutrição, colo, proteção, envolvimento. A Lua em Câncer é maternal e parece que já nasceu querendo ter filhos. Se o indivíduo cuja Lua é em Câncer nega esse instinto, desconfie de um trauma de infância ou de aspectos bem conflituosos em seu mapa astral. Mas é verdade que há muitas outras formas de cuidar dos outros, e a Lua em Câncer está sempre acolhendo a família de origem e os amigos. Faz parte do amadurecimento desta Lua tornar-se pai ou mãe de alguma maneira; é quando deixa de ser filha(o). É muito confortável para a Lua em Câncer permanecer no ninho, seu sentido de segurança depende de uma família.

A Lua em Câncer é doce e amorosa, mas também pode ficar rabugenta quando suas necessidades não são atendidas. E o nível de entrega que requisita não é para poucos: a Lua em Câncer pode ser bem dependente e depositar muitas expectativas nas suas relações. Sensível e chorona, também se alegra com a inocência de uma criança. Vulnerável, se magoa facilmente e jamais esquece a dor sofrida. A Lua em Câncer pode ter muita dificuldade de expressar o ressentimento, e muitas vezes os outros nem sabem por que estão sendo de alguma maneira maltratados por ela. A Lua em Câncer guarda muitos sentimentos para si, principalmente os que considera ameaçadores de sua integridade. Confiança é algo que requer tempo, e a Lua em Câncer gosta de pessoas afetuosas e dedicadas.

Quando lhe é oferecida a estrutura para que floresça, a Lua em Câncer é toda doação. Envolvente e delicada, faz com que todos se sintam bem ao seu redor e tem algo de chefe de uma máfia — experimente traí-la para ser exilado por toda a eternidade. É assim que ela manifesta sua crueldade. Ah, você achava que ela não era capaz? Tolinho. O tipo de relação que a Lua em Câncer busca é a fusão, e uma vez misturado com ela, tem que ser para sempre. Até para terminar um casamento — principalmente se tiver filhos —, nem pense em desprovê-la dos cuidados essenciais. Seu bem-estar significa o básico da sobrevivência: casa, comida, atenção e afeto. Mesmo que o indivíduo trabalhe e se sustente por conta própria, ainda assim sua Lua em Câncer vai demandar que seu parceiro continue lhe provendo uma estrutura material e emocional.

A Lua em Câncer é a própria memória, por isso ela mantém as tradições da família. É a herdeira do baú que atravessa gerações. E se for a Lua de um homem? Independente do sexo, se não tiver essa qualidade feminina, a pessoa vai procurar em seus parceiros. Então pode ser que o homem com a Lua em Câncer se apaixone por uma mulher meio matriarca. Fazer o quê? Ele aprendeu com a mãe que as mulheres detêm o poder em casa. Ou talvez esta tenha lhe faltado, e por isso precise de uma mãe na forma de esposa. A Lua em Câncer quase sempre vem de uma linhagem de mulheres fortes. É preciso estimulá-la a assumir esse poder. Feliz é quem lhe oferece um lar para chamar de seu.

## LUA EM LEÃO

A Lua em Leão é um filho mimado, mesmo que na realidade não seja. Pode ser uma Lua tensionada no mapa astral, e por isso o indivíduo não seja tratado como o herdeiro do trono, mas ainda assim de alguma maneira ele se sente especial. É imbuída desse merecimento que a Lua em Leão pretende ser tratada como uma realeza em seus relacionamentos. Não que isso signifique arrogância. Isso depende do caráter e pode ser também uma defesa emocional em condições em que pode se sentir diminuída ou desprezada, mas não é disso que se trata esta Lua. Em essência, a Lua em Leão é calorosa. Mas também se alimenta de reconhecimento e devoção, e quanto mais recebe, mais se doa.

As emoções da Lua em Leão ardem, e ela pode ser bem dramática. Seu palco é a relação afetiva e por isso sua expectativa é de envolvimentos expressivos e intensos. Ou seja, a Lua em Leão espera declarações apaixonadas. Mas seus sentimentos também são genuínos. A Lua em Leão pode ser teatral pelo exagero, mas não pela manipulação, pois ela não consegue disfarçar nem conter o que sente. A Lua em Leão não costuma escolher seus parceiros pelo conforto doméstico, material ou por conveniências, mas pelo coração. Se não for por amor, não serve. Quando o envolvimento amoroso acontece, a Lua em Leão é brincalhona e contagiante. Mas, por mais que seja espontânea e cheia de amor para dar, na prática sua generosidade tem expectativa de retorno, e quando isso não acontece pode explodir em reivindicações. Seu orgulho é facilmente ferido. Depois de um desentendimento, pode ter dificuldade de tomar a iniciativa de buscar a reconciliação. Mas a Lua em Leão também costuma dar aquela volta por cima, sabe?

A Lua em Leão é ambiciosa, seu sentido de bem-estar tem a ver com uma condição de sucesso. Mas o que isso representa para o indivíduo é relativo. Para uns, pode ter a ver com carreira e status, para outros, é o dinheiro, e há quem necessite mesmo é de um lar para reinar. Mas, seja para ser promovida ou para conquistar o coração de alguém, a Lua em Leão pode ser bem competitiva. Como adora o jogo de sedução e o poder, em geral a Lua em Leão se coloca em situações onde é o centro das atenções, seja por oferecer jantares, festas ou simplesmente por brilhar. Para ficar satisfeita, não aceita nada menos que sua vontade atendida, e, enquanto não é, pode ser bem tirana.

Há uma vaidade na Lua em Leão que não é estética, embora o indivíduo possa tratar da beleza por outros fatores astrológicos. É sobre ser. Quem tem a Lua em Leão está sempre investindo em seu desenvolvimento pessoal. Mesmo as pessoas de índole mais tranquila que têm a Lua em Leão magnetizam as pessoas com seu jeitinho cativante. É evidente a força emocional desta Lua, inclusive nas pessoas com temperamento mais depressivo. Talvez elas precisem intensificar mesmo um sentimento ruim só para extrair dele alguma potência criativa. Mas não rejeite a Lua em Leão: este é seu grande temor e rancor.

## LUA EM VIRGEM

Bem-estar para a Lua em Virgem tem tudo a ver com nutrição, e esta talvez seja a Lua com maior índice de vegetarianos e adeptos de alimentações naturais de todos os tipos. Segurança para a Lua em Virgem é sinônimo de saúde. A Lua em Virgem também prefere tratamentos não agressivos, alternativos e rotineiros, como a aiurveda ou a homeopatia. Como é muito ligada nas sensações físicas, percebe tudo de diferente que acontece em seu organismo e também tem muita tendência a somatizar. Quando falta autoconfiança, a Lua em Virgem pode se tornar hipocondríaca e buscar tratamentos médicos constantes, sempre atenta para diagnosticar qualquer sintoma tão logo ele apareça. Seu medo é perder o controle sobre suas funções corporais, pois se sente frágil neste mundo tóxico.

O que a Lua em Virgem precisa mesmo é de contato frequente com a natureza, o que pode ser complicado se o indivíduo for mais urbano. Aí a Lua em Virgem precisa criar seus rituais de purificação física e psíquica no dia a dia da cidade. Com os pés no chão, ela se sente em casa. A Lua em Virgem pode ser preocupada demais com o corpo e descuidar da cabeça, ficando meio neurótica. Tem propensão à ansiedade porque é muito autocrítica, quer ser sempre correta. Mas não é porque a Lua é em Virgem que vai sentir tudo de forma aceitável; a desorganização externa e o caos alheio também a desequilibram. Uma maneira de minimizar esse estado de tensão diante da possibilidade de as coisas não funcionarem é regular seus horários e atividades. Mas mesmo assim a Lua em Virgem precisa ficar atenta para não se enrijecer em seus próprios esquemas.

A Lua em Virgem gosta de cuidar dos outros e precisa se sentir útil. Pode ser aquela pessoa que no final do jantar se oferece para lavar a louça, sabe? É melhor deixar que faça, para se sentir bem. A Lua em Virgem fica mais confortável enquanto auxilia, quando usa sua percepção sensível para ajudar os outros a se aperfeiçoar. Prática e sensata, a Lua em Virgem demonstra seu afeto mais com atitudes que com palavras. Pode ser tímida para permitir aproximações íntimas, precisando experimentar com calma enquanto lida com suas inseguranças e tenta reconhecer o território do outro. Mas quando o envolvimento acontece, ela é confiável.

No relacionamento já estabelecido, o parceiro precisa compreender que a Lua em Virgem é discreta e não gosta de expor suas conturbações. É preciso respeitar seus silêncios. Dependendo dos outros aspectos do mapa, pode ser mais fácil apontar as falhas dos outros que revelar as suas, não necessariamente por maldade, mas pelo temor de ser rejeitado pelo que é. A Lua em Virgem pode ser bem insegura de seu próprio valor e por isso precisar de alguém que não lhe exija tanto, ela mesma já exige muito de si. Da mãe ela recebeu críticas como cuidado amoroso e segue para sempre tentando se enquadrar em algum suposto esquema aceitável, ou então foi criada na base das preocupações fisiológicas, das organizações e dos métodos. Para a Lua em Virgem, o relacionamento tem que ser simples e gostoso de conviver. Na verdade, ela não precisa do outro muito mais que uma presença tranquila e um toque carinhoso. Toda crítica pode ser apenas uma defesa contra sua própria fragilidade.

## LUA EM LIBRA

A Lua em Libra é casadoura: adora uma aliança. Precisa fazer parte de uma associação íntima para se sentir bem; quando solteira, fica desamparada. Ela tem tanta necessidade de alguém ao lado que pode preferir assumir e manter um relacionamento disfuncional por conveniência. Isso acontece quando outros aspectos do mapa também se inclinam para a dependência, seja financeira ou social. Quer dizer, quando há fatores cujas solicitações são outras que não necessariamente o amor, mas algum tipo de estrutura, suporte ou status. Em essência, a Lua em Libra tem ideais amorosos elevados e está à procura de um belo envolvimento — leia-se romantismo. Na prática, a Lua em Libra não aguenta ficar sozinha. Se puder encontrar suas necessidades afetivas e materiais em uma só pessoa, aí sim está completa.

Mas, mesmo com toda a expectativa amorosa, a Lua em Libra não é dada a demonstrações radicais dos seus sentimentos. Nisso também pode ser bem ponderada, e para os tipos mais apaixonados pode parecer emocionalmente distante e até interesseira, apesar de agradável e gentil no trato com os outros. A Lua em Libra precisa de paz para ficar tranquila, então desenvolve toda uma delicadeza para lidar com as pessoas, sendo uma equilibrista em suas interações. Entre falar e ouvir, a Lua em Libra se posiciona de maneira irrepreensível, como se transitasse com isenção e imparcialidade entre as diferenças. Mas sabemos que no íntimo nenhum ser humano é assim, e também para a Lua em Libra há o que lhe agrade mais e o que lhe seja completamente inadmissível. A Lua em Libra se esforça tanto para ser justa ou para ficar bem na fita que pode acabar suportando desaforo ou maus-tratos.

Ainda assim, a Lua em Libra persiste em sua dinâmica afetiva, tolerante e harmoniosa, e é difícil vê-la perder as estribeiras; mesmo para reclamar ela é elegante. É mais fácil ver a Lua em Libra hesitando, pois ela prefere se abster de fazer algo que possa comprometer uma parceria ou situação. Só que nem isso garante que seja bem-sucedida em seus relacionamentos, porque ela pode pecar pelo excesso de zelo. Em indivíduos cuja Lua em Libra faz parte de configurações astrológicas tensas, relacionar-se pode ser justamente o conflito da vida. Para compreender o jeito de a Lua em Libra se envolver é preciso analisar o (não) casamento de seus pais. É frequente que a instituição do casamento seja valorizada e que a mãe seja devotada ao marido. Quando não é assim, aquilo que separou a família pode ser o motivo do desequilíbrio emocional do indivíduo com a Lua em Libra.

Como Libra é um signo de estética, a Lua libriana também precisa estar cercada de beleza para se sentir confortável. A começar pela decoração da casa, seguindo para a dedicação ao corpo e, por fim, pela apreciação das muitas formas de arte. A Lua em Libra pode demonstrar afeto através de alguma forma de embelezamento, seja dando presentes ou ajudando alguém a se arrumar ou decorar um ambiente. A Lua em Libra também pode ser aquela amiga conselheira. Fica mais alegre quando acompanhada das pessoas queridas. Até para trabalhar a Lua em Libra precisa de ajuda, ela funciona melhor em sociedade. Mas é por tanta disponibilidade que a Lua em Libra é uma grande parceira.

## LUA EM ESCORPIÃO

Não há Lua mais intensa que a de Escorpião. Há Luas emocionadas, sensíveis, dramáticas — mas nenhuma vai tão fundo quanto a Lua em Escorpião. "Visceral" é a palavra que melhor a define, ainda que tanta coisa fique por dizer. A Lua em Escorpião é poderosa, mas nem por isso é fácil tê-la. Este não é um signo no qual a experiência lunar se sinta confortável; a Lua trata de vínculos, e Escorpião é o signo das perdas e mortes, que levam às mais profundas transformações. Isso significa que para a Lua em Escorpião o envolvimento não acontece enquanto ela não encara seus monstros de frente. A Lua em Escorpião tem que ir no âmago das emoções, lá onde não há como dizer se o que sente é amor ou ódio. Só depois de lidar com o seu maior medo é que está pronta para que o amor realmente aconteça.

A Lua em Escorpião não é aberta à aproximação, ainda que o indivíduo tenha uma vida social interessante. Para chegar à sua intimidade é preciso atravessar a barreira da desconfiança: isso não é possível com segundas intenções ou quando não se compartilha de muita afinidade. Seus sentimentos em relação às pessoas são extremistas, e, uma vez traída ou tomada por antipatia em relação a alguém, ou mata a pessoa dentro de si ou guarda um rancor difícil de ser perdoado. A Lua em Escorpião é controladora, manipuladora, possessiva e pode ser bem ciumenta. Vingativa também. Para garantir que não será abandonada, ela testa o outro e se infiltra em seu emocional até que se torne parte dele. A Lua em Escorpião é firme no que sente, independente da qualidade do sentimento. Nisso pode acabar intoxicada pelas próprias emoções nocivas.

A paixão da Lua em Escorpião é carnal, envolvimento tem tudo a ver com sexualidade. A relação é um pacto de fidelidade eterna. Escorpião é um signo com fama de infiel pela sua natureza instintiva, e a Lua em Escorpião pode sê-lo até encontrar um parceiro que acesse seus mistérios: aí ela é leal e cúmplice. Mesmo assim, seu amor é sempre vigilante, a Lua em Escorpião não dorme — nem que seja por estar atenta ao que se passa dentro do outro. Parece que a Lua em Escorpião captou da própria mãe um segredo inadmissível, percebeu nela uma perturbação que ela não deixava transparecer ou sofreu uma perda muito grande na própria família ainda muito cedo. Por isso, a Lua em Escorpião precisa conhecer o avesso da pessoa que ama; é por descobrir todos os podres e vulnerabilidades do parceiro que seu amor é de uma entrega absoluta.

A Lua em Escorpião é uma bruxa de tão intuitiva, porque mais do que simplesmente perceber, ela é capaz de mudar as pessoas, ambientes e situações com suas percepções. Ela emana uma feitiçaria própria e não é através de uma expressão passional, porque na maioria das vezes a Lua em Escorpião não revela o que sente de verdade. É por magnetismo mesmo. A Lua em Escorpião está sempre purgando por dentro, mesmo que sua postura seja plácida. Convivendo com ela isso fica evidente, e para estar junto é preciso suportar suas crises constantes. A Lua em Escorpião necessita de companheiros estáveis.

## LUA EM SAGITÁRIO

Há um calor e uma excitação na Lua em Sagitário que fazem com que esta talvez seja a mais aberta do zodíaco. É sem dúvida a mais expansiva, e por isso muito espontânea. Tende a vibrar na frequência do entusiasmo e do bom humor, bem como reunir muita gente em torno de si. Em essência, a Lua em Sagitário é a rainha da festa. Mas, dependendo dos outros fatores do mapa, o indivíduo pode não ser tão animado assim. A propensão ao exagero da Lua em Sagitário também pode exacerbar tendências melancólico-depressivas, teimosias e até o mau humor. Então, em vez de ser alegre, a pessoa de Lua em Sagitário pode ser ranzinza — acontece, mas é mais difícil. O mais comum é que, mesmo em uma pessoa mais tímida, a Lua em Sagitário faça um esforço para se enturmar.

De qualquer maneira, até as mais vibrantes pessoas de Lua em Sagitário têm seus momentos de intolerância. Quando não gosta de alguém, de um ambiente ou situação, pode ser bem explícita em seu desconforto, reagindo à aproximação ou à obrigação de fazer o que não quer. A Lua em Sagitário é franca, não esconde o que sente. Ninguém que tenha a Lua em Sagitário consegue ser totalmente misterioso, de alguma maneira a pessoa se expõe. Ao mesmo tempo que isso é uma virtude, é também o seu calcanhar de aquiles. Quantas vezes é melhor guardar algo para si ou sentir melhor antes de extravasar? A Lua em Sagitário tem dificuldade em lidar com tudo que for de foro muito íntimo, seja seu ou das pessoas com quem se envolve. Pode ser bem indiscreta com as questões dos outros.

A Lua em Sagitário tem fé de que tudo vai ser ótimo. Muitas vezes fica decepcionada quando alguém não corresponde às suas enormes expectativas. Mas a Lua em Sagitário não gosta de ficar guardando mágoas, prefere espanar a poeira e seguir galopante pela vida. Quando não consegue evitar que uma dor continue a incomodar, prefere se afastar daquilo que a provocou em vez de ficar agarrada ao que não faz sentido. Se está com raiva, põe para fora logo de uma vez. Se está entediada, toma algum estimulante para se sentir melhor. É assim que a Lua em Sagitário costuma lidar com seus problemas até parar para refletir melhor, quem sabe quando decide fazer terapia. A não ser que outros fatores do mapa se prendam a ressentimentos — só lembrando: esta Lua aumenta tudo, então ela pode ser o oposto da descrição deste parágrafo.

A Lua em Sagitário não gosta de rotina, pode ser bem inquieta em sua necessidade de que a vida seja grandiosa. Ela precisa se sentir livre para se movimentar e se envolver. Bem-estar para ela é aprender e ensinar, viajar e se aventurar pelo que acende uma chama no seu peito. É provável que a mãe da Lua em Sagitário seja intelectual, ou inteligente e culta, religiosa, ou ainda que crie o(a) filho(a) com certa liberdade porque não tem paciência para dedicação integral, é ocupada demais com seus próprios interesses. Quem sabe o ambiente doméstico da pessoa seja meio nômade, porque a casa da Lua em Sagitário é o mundo. Ela não gosta de pessoas muito grudentas e relações obsessivas, detesta dar satisfação e só fica com alguém quando se sente solta para ir e vir. Ou o parceiro da Lua em Sagitário se adapta ao seu ritmo itinerante ou é descartado.

## LUA EM CAPRICÓRNIO

Sabe o que acontece com a Lua em Capricórnio? Ela se encontra no signo oposto ao que rege — Câncer — e por isso em condições contrárias ao ambiente lunar, que é aquático e emocional. A Lua em Capricórnio é mais austera e pode ter dificuldade de lidar com as emoções. Tensa e melancólica, pode exigir demais de si e dos outros, como se os sentimentos devessem se adequar a determinado padrão de correção para serem aceitáveis. Por exemplo, o que é o amor? Para a Lua em Capricórnio, é complicado interagir com a verdade do outro para que a relação encontre uma dinâmica própria. O resultado disso é que o indivíduo de Lua em Capricórnio pode ficar muito sozinho até encontrar alguém que se encaixe no seu esquema. Isso pode ser mais radical quando o mapa como um todo é mais fechado, e minimizado quando outros aspectos suavizam a rigidez. Mas, de modo geral, a Lua em Capricórnio alimenta regras sobre o que se deve ou não sentir.

A Lua em Capricórnio pode ser comparada a uma represa, suas emoções estão contidas numa couraça, ela vai liberando o fluxo aos poucos. Em geral, a Lua em Capricórnio não tem uma boa experiência com a própria mãe ou família, não se sente amada mesmo que seja muito bem-cuidada e provida com a estrutura necessária ao seu desenvolvimento pessoal. Mas há sobretudo um senso de dever e, no quesito afeto, ela pode ficar a desejar. A Lua em Capricórnio cresce com esse sentimento de rejeição e por isso desenvolve proteções contra os envolvimentos. Isso se manifesta na falta de jeito para expressar o que sente, pelo temor de dar e não receber, o que os outros podem interpretar como frieza. Não ser bem interpretada é ainda pior para a pessoa de Lua em Capricórnio.

Quando se apaixona, ela precisa de tempo para se sentir confortável com a proximidade do outro. Precisa de segurança e estabilidade. Mas a Lua em Capricórnio não suporta depender de ninguém e trabalha para garantir sua autossuficiência. Ela é muito preocupada com as questões materiais, pode compensar nisso toda a sua carência, como se possuir coisas e status substituísse o amor. Não deixa de haver nessa abordagem afetiva uma lição de economia. É como se ela precisasse estocar suprimentos para uma situação de falta, como no inverno da alma. Mas os bens mundanos não são da mesma ordem que os espirituais, e o resultado disso costuma ser a frustração. Não é raro que a pessoa de Lua em Capricórnio se constitua como a provedora de um lar, porque, se não é maternal, é paternalista. Mas quando enfim abre as comportas da emoção e se envolve, a Lua em Capricórnio é de um cuidado e de um comprometimento como nenhuma outra Lua. Do tipo que persevera e supera todas as dificuldades e desencontros.

A questão é a Lua em Capricórnio amolecer o coração para uma experiência mais carinhosa, levar as coisas menos a sério. Por isso, ela precisa se relacionar com alguém que ofereça a doçura que lhe falta, mas que não apresente riscos. Precisa de conforto para expressar suas necessidades sem se defender de suas próprias vulnerabilidades. De qualquer maneira, é em uma situação de crise que a Lua em Capricórnio descobre sua própria força, expressa numa capacidade de concentração e resolução de problemas.

## LUA EM AQUÁRIO

Aquário é um signo mental, e quando ocupa o ambiente lunar traz para a vinculação emocional a experiência da afinidade intelectual. A Lua em Aquário não é sentimental e precisa se envolver sobretudo com as ideias do outro, é assim que abre seu coração.

Seu parceiro não precisa ser seu igual, porque esta Lua aprecia as diferenças, principalmente quando são inspiradoras para que a pessoa desenvolva ainda mais seus conceitos. Aliás, a Lua em Aquário costuma ter uma percepção bem avançada do que significa um relacionamento. Isso não quer dizer necessariamente que não assuma compromissos e que só aceite relações abertas ou coisas do tipo. Mas de alguma maneira a Lua em Aquário precisa experimentar a liberdade na intimidade.

A Lua em Aquário não gosta que fiquem em cima dela, e sua tendência a manter maior ou menor distância depende dos outros aspectos do mapa astral. Em essência, ela é desapegada, mas isso pode ser um conflito interior se o indivíduo for de índole mais controladora. A pessoa de Lua em Aquário pode ser tão legal e interativa, tão verdadeiramente amigável, que atrai todo tipo de gente necessitada de sua participação inteligente e muitas vezes divertida. Ela sempre tem vários amigos e não costuma ser muito preocupada com aparências. Gosta de envolvimentos leves, mas isso de modo algum significa superficial; apenas que ela não se prende a nada que não considere interessante. Os dramas típicos das paixões não apelam aos seus sentimentos. Ironicamente, costuma atrair parceiros que sejam mais grudentos. Seria para aprender a ser mais sensível às necessidades dos outros? Talvez. Mas relacionamentos baseados na carência não costumam durar muito com a Lua em Aquário.

O problema é que para ela pode ser bem difícil expressar o que realmente sente e, enquanto espera que o outro entenda, o relacionamento pode acabar por falta de comunicação. Muita gente interpreta como frio o jeito da Lua em Aquário, e com isso a pessoa pode se sentir exilada. A Lua em Aquário não costuma ter laços fortes com a família de origem e em geral constrói uma vida longe. Mas mesmo que fique perto e cumpra o protocolo, algo ali não se enquadra. A Lua em Aquário pode considerar sua própria mãe meio estranha ou neurótica, é como se lhe faltasse uma maternidade adequada. Como consequência, pode não querer ter filhos, considerando a experiência castradora de sua liberdade. Mas pode não ser o caso, e a Lua em

Aquário desejar uma nova família — aí é provável que seja completamente diferente da original. Por mais amorosa que seja, a pessoa de Lua em Aquário é uma mãe ou pai atípico, que desafia as convenções.

Ela pode ser imprevisível. Conviver com a pessoa de Lua em Aquário pode ser surpreendente, pois nunca se consegue prever suas reações. Por vezes pode ser intempestiva, ter surtos ocasionais. Mas o mais comum é que permaneça numa inquietude observadora (como definir esta complexidade?) e que, quando incomodada, simplesmente se retire sem nada dizer. A pessoa de Lua em Aquário não muda muito ao longo da vida, mas pode ir se sentindo cada vez mais à vontade para ser o que é. Ela racionaliza suas emoções, adora uma terapia ou filosofia de vida alternativa e, ainda que humanitária, precisa ficar sozinha de vez em quando para pensar com seus botões. Se um esquema de vida tradicional e regras rígidas lhe parecem opressores, também é verdade que pode se rebelar contra o desrespeito às suas próprias regras. No final das contas, a Lua em Aquário precisa mesmo é de alguém que aceite toda a sua inconvencionalidade.

## LUA EM PEIXES

A Lua em Peixes é possivelmente a mais sensível, porque sente tudo o que os outros sentem, mesmo quando não está amorosamente envolvida. Às vezes a pessoa nem tem consciência de que aquilo que está sentindo não é seu. É preciso autoconhecimento para saber filtrar o que vem de fora, não para se fechar, mas para não absorver energias negativas. A pessoa com Lua em Peixes pode acabar sofrendo vampirismo psíquico e sendo vítima de más intenções, tanto por inconsciência como pela disposição em ajudar. Ela se emociona demais e por isso é muito compassiva. Nenhuma outra Lua é tão capaz de compreender a dor alheia, é como se ela de fato se colocasse no lugar do outro. É capaz de abdicar de seus próprios interesses; em casos extremos, até de se sacrificar verdadeiramente pelo bem-estar de quem ama.

Toda essa abnegação pode ser maior ou menor, dependendo de outros aspectos do mapa astral, mas no fundo a Lua em Peixes é sempre carente. É uma criança dependente que precisa ser criada em um ambiente de muito afeto. Em geral, percebe essa postura sacrificial em sua própria mãe, tanto para o bem quanto para o mal, porque há mães que se entregam por amor e há quem não tenha opção — a Lua em Peixes pode tratar de ambos os casos. Ela pode crescer ressentida ou espiritualizada; de qualquer maneira, se envolve em vínculos profundos que não se dissolvem jamais. Quanto maior a intimidade, maior a ligação de alma que atravessa tempos e distâncias.

A Lua em Peixes se doa, mas também manipula sutilmente. Muitas vezes é difícil perceber sua real intenção, ela pode ser uma grande ilusionista. Mas também fantasia demais e por isso se decepciona constantemente; o romantismo pode prejudicar seu discernimento. Impressionável, a Lua em Peixes pode deformar a profundidade do que sente e ser um tanto... sofrida. Quem se envolve com ela se sente cuidado, mas também sugado: é difícil machucá-la, sabe? É quase inevitável se sentir culpado por feri-la. As pessoas são demasiadamente humanas para a Lua em Peixes. Dependendo do restante do mapa, o seu amor pode ser mais platônico que real. Talvez a pessoa passe por alguns desencantos até descobrir o que significa o tal amor incondicional de que trata Peixes e por fim se envolva com alguém de verdade.

A imaginação é ao mesmo tempo sua salvação e sua perdição, tanto porque a pessoa pode criar um universo próprio, como porque pode se refugiar das experiências reais. Sonhadora, a Lua em Peixes espera o melhor. Mas se o indivíduo não tiver algo de pragmático, o despertar pode ser frustrante. Escapista, acontece de buscar drogas que anestesiem e estimulem sensações mais prazerosas; esta é uma Lua com sério risco de adquirir um vício. Mas, conforme amadurece com os desenganos, a Lua em Peixes vai afinando a sintonia e usando seu dom psíquico para servir a causas maiores que o ego.

# A química sexual

DEPOIS DE SE ESTRUTURAR SOBRE O TRIPÉ BÁSICO DA personalidade, formado por Sol, Lua e Ascendente, o indivíduo desenvolve seus próprios gostos e também sua capacidade de ação.

Vênus, uma energia feminina, é o planeta do desejo; através dele descobrimos o que nos proporciona prazer. Marte, uma energia masculina, é o planeta da vontade, impulso de conquista. Vênus e Marte tratam do tesão, por despertarem a atração e a atitude. Homens e mulheres têm Vênus e Marte em seus mapas astrais atuando da mesma maneira. Se é verdade que mulheres podem se identificar mais com o princípio da sedução e ser mais Vênus, e que o homem pode ser mais Marte pela agressividade, também é verdade que temos cada vez mais mulheres marcianas e homens venusianos. O ser humano tem se sentido cada vez mais à vontade para expressar o seu desejo.

Nesta parte vamos tratar da paixão, esta emoção tão mais provocante e impulsiva que o amor. Pode ser efêmera, a não ser que as pessoas se envolvam em suas essências e se amem. O encontro entre Vênus e Marte parece até uma reação química: às vezes sutil, em muitos casos explosivo, mas sempre transformador. É capaz até de gerar filhos — ou guerra!

No último capítulo, revelo um segredo ainda pouco conhecido na astrologia: Lilith, a Lua Negra. A libido em pessoa. Em toda reação química há um elemento catalisador do processo.

Você conhece a paixão?

# Vênus

## O DESEJO

Vênus para os romanos, Afrodite para os gregos, deusa da beleza e do amor para os íntimos. Seu nascimento especial foi retratado com maestria por Botticelli, naquela que se tornou sua mais famosa representação mundo afora. Vênus nasceu das ondas do mar logo que o sêmen de seu pai Urano jorrou, quando ele foi castrado. Saída das águas, caminhou pela areia e das suas pegadas brotaram flores. Ricamente vestida e ornamentada com seu cinturão mágico, é a mais bela deusa do Olimpo. A sedução é a sua arte.

Por causa de um conflito olímpico, Vênus foi dada em casamento contra a sua vontade a Vulcano, o deus feio e coxo que era o ferreiro dos deuses, forjava suas armas, joias e palácios. Mas isso pouco importa em sua biografia divina, porque ela mal se encontrava com o marido; o que entrou para a história foi sua paixão por Marte — Ares, para os gregos —, o deus da guerra. O que acontecia entre ambos era o mais absoluto tesão. Ela, linda, majestosa e sensual; ele, rude, violento e viril. Eternos complementos ansiando um pelo outro.

Mas nem mesmo tendo encontrado seu grande amor fora do casamento Vênus foi fiel a ele para sempre. Foi amante de outros deuses e heróis e se permitiu gozar de tudo o que desejou. A Vênus mítica é sobretudo fiel ao seu próprio desejo. É importante compreender o mito que deu nome ao planeta porque há nele o registro arquetípico de seu significado astrológico. Arquétipos são os modelos ou imagens das estruturas psíquicas sobre as quais nos desenvolvemos; seu conteúdo reside no inconsciente coletivo e é lá que nascem os nossos sonhos, narrativas literárias e toda forma de arte. É a partir dessa linguagem que nos entendemos humanos.

Na astrologia, Vênus é regente de Touro e Libra. Nessa dupla regência, ela assume qualidades diferentes. Seu lado Touro preza a matéria: a natureza, os instintos, os cinco sentidos do corpo, o erotismo, os valores e as finanças. Seu lado Libra é mais estético: o amor como ideal, os conceitos e as dinâmicas de relacionamento, a beleza como harmonia, o outro como um espelho diante do qual nos reconhecemos, a arte.

No mapa astral, Vênus simboliza a natureza feminina sexual do afeto, a sensualidade. Ela quer agradar do seu jeito. A forma como Vênus se expressa depende em primeiro lugar do signo em que se encontra. É isso que estamos abordando neste capítulo. A Vênus astrológica não trata do afeto no sentido emocional como a Lua; Vênus não é maternal, embora até possa ser mais cuidadosa e acolhedora com o parceiro, dependendo de seu signo. Vênus é a mulher em seu desejo sexual, que pode ou não dar origem a filhos — para ela, não é essa a questão. O que interessa a Vênus é o prazer.

Para isso, ela se embeleza e seduz. O signo de Vênus mostra como a pessoa se veste e interage para atrair o outro. Vênus também descreve o gosto de uma pessoa. Pelo que ela se atrai? É natural que para seduzir use o artifício daquilo mesmo pelo que se encantou. É a inspiração criativa: Vênus é a musa. Pode ser que uma Vênus goste mais de ideias, outra de atividades físicas; há Vênus que apreciam estudar e viajar e as que prefiram gozar dos sentidos do corpo. Mas toda Vênus tem um desejo fundamental: sexo. Isso é inquestionável.

A Vênus astrológica também trata dos valores e das finanças. Quando precisamos de recursos para criar e sobreviver, é a ela que recorreremos. Certas Vênus gostam de trabalhar duro e precisam da segurança dos bens materiais, outras preferem o mundo das ideias; há Vênus que não se prendem por nada nem ninguém. Mas o valor fundamental de toda Vênus é a autoestima; Vênus precisa se curtir em primeiro lugar, e só então pode amar algo ou alguém.

## VÊNUS EM ÁRIES

De beleza jovial, até por ter pavor de envelhecer, Vênus em Áries é quente e inspira o desejo de conquista. Áries é o primeiro signo do zodíaco e esta Vênus também quer ser a primeira: seja a Vênus de um homem ou mulher, ela se esforça para marcar presença logo de chegada. Não é lá muito estrategista na sua abordagem, porque Áries é um signo impulsivo. Esta Vênus é enérgica e espontânea na expressão dos seus desejos, buscando satisfação imediata. Vênus em Áries pode ser mais agressiva em suas indiretas, muitas vezes tomando a iniciativa de deixar explícitas suas intenções. Não é muito paciente, então não gosta de rodeios; o que desperta seu tesão é que venham direto ao ponto.

É autocentrada e não faz o tipo que se incomoda muito com o que vão pensar dela, mesmo que não goste de se sentir rejeitada e que a perspectiva de agradar todo mundo faça muito bem à sua autoestima. Mas está preocupada mesmo é em agradar o seu objeto de desejo, para quem pretende ser encantadora em seu desembaraço, que é afinal o seu poder de atração. Essa qualidade fica mais exacerbada em quem tem um signo solar mais egocêntrico, menos em quem é essencialmente equilibrado. Vênus em Áries precisa se sentir sexy e se veste para provocar, mas no dia a dia não quer se preocupar muito com isso e prefere considerar que essa espontaneidade também pode ser sedutora. O importante é se sentir autêntica.

É uma Vênus apaixonada e apaixonável e por isso se atrai por desafios e tensões. Não admira quem oferece afeto sem nenhuma resistência, seu amor é alimentado pelo ardor. Ela precisa ser um desafio para o parceiro, assim como precisa de motivação constante para o seu próprio desejo, e por isso adora os jogos amorosos; ela deseja alguém que não lhe entregue o jogo, mas a excite. Vênus em Áries ama pessoas fortes e voluntariosas. Faz mais o tipo atlética para se sentir poderosa, mas quando faz o tipo intelectual também gosta muito de exercitar o cérebro para exibir a potência das suas ideias.

Quando Vênus em Áries está confortável, brinca com a própria inquietação, inventando peripécias inclusive sexuais; quando desconfortável, ela briga, até como uma tentativa de manter a tensão sexual. Não consegue se acomodar num relacionamento; ou dá um jeito de mudar a relação, ou perde o interesse e rompe. Vênus em Áries não é de se submeter a nada nem a ninguém, mas com a autoestima prejudicada pode acabar sendo abandonada por não respeitar o seu próprio desejo de autonomia.

Vênus em Áries gosta de ser dominadora, é ela quem determina a dinâmica da relação, tratando de convencer o outro de seus desejos até que ele os assuma como seus. Inclusive no sexo ela gosta de estar por cima e também aprecia as relações rápidas e vigorosas. Ao contrário de outras Vênus que precisam de mais tempo, esta costuma se excitar bem rápido. Mas pode se permitir estar numa posição subjugada, desde que isso faça parte do jogo com alguém em que ela confie o suficiente para saber que não será desprezada depois. Aliás, quando não tem ninguém à disposição, Vênus em Áries sabe que tem a si mesma e é plenamente capaz de se satisfazer sozinha: masturbação não é um problema, é uma alegria. Pode recorrer a esse estímulo em qualquer lugar com um mínimo de privacidade, como um banheiro público.

Autonomia é uma exigência de Vênus em Áries, porque é condição de liberdade de uma vida própria dentro do convívio com o outro. É fundamental que ela e seu parceiro tenham espaço para exercer seu desejo e ainda assim ter vontade de compartilhar a vida. Para Vênus em Áries, o desejo é uma chama que jamais se apaga.

## VÊNUS EM TOURO

Vênus é regente de Touro, e neste signo ela está em seu próprio domínio. Vênus em Touro pretende-se a companheira ideal, seja a de um homem ou de uma mulher. É sensual e encarna um misto de realeza com ingenuidade, o que lhe confere uma aura especial. Vênus em Touro seduz, tem um apelo natural à aproximação e ao desfrute. O que desperta seu tesão é o encontro de corpos. Ela quer sexo, e de preferência cheio de instinto.

Vênus em Touro se cuida muito o tempo todo, pode ser bem preocupada e até mesmo obcecada por sua própria pessoa e aparência. Seu corpo é um templo que merece todo o seu investimento, e ela gasta o seu rico dinheirinho em roupas e cosméticos que a tornem ainda mais bonita. É raro que uma pessoa com Vênus em Touro não seja naturalmente bela; sua constituição física e os traços faciais são harmônicos e agradáveis de ver e tocar. É uma das Vênus mais vaidosas do zodíaco e, mesmo que possa se apresentar nua e de cara lavada, sem receio de rejeição, ainda assim prefere se montar. É comum que se vista tal qual uma boneca quando jovem. Seu estilo adquire contornos mais clássicos conforme amadurece, mas Vênus em Touro sempre mantém um frescor na pele e na alma, como se ainda fosse uma ninfeta a ser deflorada.

Vênus em Touro pode ser a própria luxúria. Ela sente tudo com muita intensidade: o toque da roupa, dos objetos e dos outros na pele, o perfume das coisas, o som dos ambientes, o sabor dos alimentos. Vênus em Touro pode até ter muitos desejos, mas precisa mesmo é de confiança, e no final das contas vai ficar com quem lhe oferecer uma vida em que não falte nada, desde as necessidades mais básicas até os luxos — quanto maior a oferta, mais ela gosta. Vênus em Touro é romântica e preza o amor, mas gosta também de uma bela conta bancária, e o que afinal ela prioriza depende de seus valores pessoais. Não se esqueça de que Vênus trata dos valores, e esta em particular está sempre avaliando os seus. Ela ama dinheiro e relaciona diretamente as posses ao bem-estar. É materialista ao extremo, até sua espiritualidade passa pela matéria. É muito criativa e trabalhadora, mas se sente merecedora do melhor.

Se Vênus em Touro puder amar e ser amada e ainda deitar em uma cama muito confortável, está no céu. Quando isso não acontece, é difícil lidar com a frustração. Ela prefere parceiros emocionalmente estáveis e repele os inconstantes, assim como prefere o conforto material ao amor a qualquer custo. Se a situação não se configura ideal, é pragmática o suficiente para sacrificar alguma dessas condições à custa do coração. Seu sentido de amor não passa por turbulências, então não costuma se sentir atraída por uma situação em que algo falte. Toda essa necessidade de segurança pode acabar por engessar sua própria criatividade e ela em algum momento se descobrir aprisionada em seu próprio apego. Mas só percebe isso quando está diante da ameaça da perda, à qual reage muito mal. Vênus em Touro resiste às mudanças até que estas sejam maiores que ela.

É uma Vênus bela e criativa, uma artista do viver, quiçá profissional das artes, sempre apaixonada pela diversão e convicta de que merece nada menos que o melhor. É a mais fértil das Vênus e isso repercute na prosperidade financeira, seja porque produz, seja porque atrai quem produza. Quando satisfeita, essa Vênus é companheira prazerosa para toda vida, investimento de retorno garantido. Uma Vênus em Touro esclarecida é um tesouro inestimável.

## VÊNUS EM GÊMEOS

Um tanto inquieta e sobretudo eclética em seus gostos, Vênus em Gêmeos é dada a experimentações, por ser curiosa mas também inconstante em seus desejos. É típico dela se interessar por algo ou alguém, envolver-se sem maiores complicações, como se fosse a coisa mais interessante do mundo, e perder o interesse rapidamente depois de explorações superficiais sobre o tema ou a pessoa. É uma Vênus bastante imediatista em sua expectativa de gratificação e está sempre alerta para a possibilidade de prazeres ainda maiores. Em seu jogo de sedução, apresenta-se ora vulnerável, ora confiante, deixando os outros atônitos. Que outra Vênus poderia ser tudo e mais um pouco?

Vênus em Gêmeos só se interessa por quem oferece conhecimento e disposição para dialogar, passear, frequentar ambientes culturais e eventos sociais e viajar. É bem informada, agradável e espirituosa. Parece que vive em estado de flerte e, dependendo do parceiro, isso pode ser um fator de desentendimento — como saber se ela está levando a sério ou se é apenas uma brincadeira? Vênus em Gêmeos precisa de alguém que vibre com sua eloquência, que a deixe à vontade para se expressar e ainda a estimule intelectualmente. Vênus em Gêmeos gosta de provocar e adora jogos mentais, mas de preferência quando está dando as cartas. Não é que não goste de desafios, é que ela prefere desafiar. Quando o outro é obscuro, Vênus em Gêmeos perde o ar e fica atordoada. Ainda mais se se sentir presa à situação, porque nem mesmo ela, em sua essência desencanada, consegue escapar das garras de um predador. De qualquer maneira, Vênus em Gêmeos convive com a sensação de ser um passarinho na gaiola, e não importa se a gaiola é de ouro.

A variação de parceiros faz parte da busca. Se a busca vai parar depois de encontrar a pessoa certa é outra questão. Afinal, Vênus em Gêmeos sempre tem o que buscar, nem que seja mais aventura — é uma Vênus com fama de infiel, por que será? Mas mesmo quando apaixonada, ela mantém o ar de desprendimento, faz parte do seu show. Não tem muito talento para o papel de amante trágica, mas isso pode acontecer. Sendo a Vênus de um signo solar ou lunar essencialmente mais romântico, ela pode idealizar um envolvimento eterno e sofrer por amor, mas a verdadeira sabedoria de Vênus em Gêmeos é aprender o máximo possível em cada encontro e seguir o movimento natural da vida, sempre se adaptando.

Vênus em Gêmeos não pode evitar a imprevisibilidade dos seus desejos, então tem que se relacionar com quem se excita com a condição de eterna surpresa. Para seduzir, ela usa os seus dois lados, como for conveniente ao seu momento: pode ser tanto a ninfeta quanto a dominadora, desde que provoque frenesi. Aliás, Vênus em Gêmeos adora fazer um teatro no sexo, parece que se diverte muito ao interpretar papéis em diferentes atos e posições. Por que, apesar de tanto savoir-faire, Vênus em Gêmeos ainda flerta com o desastre? Vênus em Gêmeos vive na encruzilhada, e de um lado ou de outro precisa que seu mundo esteja sempre despertando estímulos variados, como se repleto de efeitos especiais. Cansativo? Para quem a acompanha, ela vai ser sempre encantadora.

## VÊNUS EM CÂNCER

Das mais sensíveis e românticas do zodíaco, Vênus em Câncer é também muito feminina, e mesmo sendo a Vênus de um homem ela seduz pelo encanto. É desejosa de intimidade e apela à imaginação para envolver o outro numa atmosfera de cuidado e proteção, desarmando os pretendentes com delicadeza pela sensação de familiaridade. Não é do tipo que se impõe nem que se inquieta pela dúvida: Vênus em Câncer perturba pelo instinto visceral que chama ao pertencimento, tocando justamente na maior vulnerabilidade do ser humano — o desejo de um amor maternal e incondicional.

A exclusividade faz parte de sua proposta de envolvimento. Vênus em Câncer absorve as carências e expectativas dos outros e sente como se devesse satisfazê-las para ser amada. O que espera de um relacionamento é que seja uma troca confiável, pois se há algo que teme absolutamente é descobrir-se só. De independente ela não tem nada. Quando não se sente desejada, Vênus em Câncer pode ser bem dramática em sua expressão, mais para sofrida que para explosiva. Ela não consegue diferenciar desejo de sentimento, por isso, ao falar de Vênus em Câncer, parece que estamos falando da Lua. Não é que as Vênus não tenham sentimentos, mas o desejo pode ser de outra ordem. Para Vênus em Câncer não há diferença entre amor e sexo, o que tampouco quer dizer que ela não possa fazer sexo casual ou trair. Mas isso é mais raro e normalmente quando acontece também há muito sentimento envolvido.

A sedução para Vênus em Câncer passa pela imagem de inocência, tanto quando ainda não tem muita experiência nos relacionamentos como quando atingiu a maturidade de quem já amou e se desiludiu, mas continua acreditando no amor. Seu estilo costuma ter toques infantis ou lúdicos (adora as camisetas de desenho animado), a delicadeza dos tecidos leves e fluidos, rendas e estampas, tons pastel. Romântica ao extremo, mesmo quando sua rebeldia quer passar uma atitude mais rock and roll. Mas Vênus em Câncer também pode ser mais conservadora, profissional, clássica. É uma Vênus com pendor para a moda, e muitas trabalham nessa indústria.

Vênus em Câncer quer ser salva, de preferência por um príncipe no cavalo branco, como nos contos de fadas. Mas até que encontre o amor dos seus sonhos pode atrair tipos dispostos a se aproveitar de sua disposição para a dependência. Ela pode ser bem desesperada para agarrar alguém e também se meter em muita confusão por fantasiar demais. É propensa a casar cedo e é a típica Vênus do "primeiro amor" — mas isso não é uma regra. Vênus em

Câncer adora o universo mulherzinha das amigas e se posiciona como a queridinha, aquela que sempre oferece um colo amoroso, ouve e dá conselhos. Pode fazer o tipo mocinha para casar. Mas não é raro que, enquanto solteira em busca do partido ideal, seja frequentadora assídua das pistas de dança, constantemente com um copo de álcool na mão. Pode ser risonha ou melancólica, mas tem sempre um jeitinho de que não é para ser temida.

Vênus em Câncer precisa mesmo é de alguém tão sensível quanto ela, a quem possa direcionar seu jorro de apetite sexual sem medo. Vênus em Câncer quer vivenciar a sensação erótica intensamente, até porque está sempre pronta para adular e se derramar inteira. Pode ficar horas só nas carícias e nos beijos, envolvendo o outro de emoção e assim aprofundando o vínculo. Vênus em Câncer pode bancar a submissa em público e dominar na cama, principalmente quando já se tornou uma mulher consciente de seu próprio poder. É alguém para ter ao lado a vida toda, porque é assim que ela fica inteira.

## VÊNUS EM LEÃO

Calorosa, divertida e entusiasmada, Vênus em Leão é magnética. Mesmo que Leão seja um signo de energia masculina e que Vênus seja um princípio feminino, Vênus tem uma questão em comum com Leão e que fica ainda mais exacerbada quando ela se encontra neste signo: a autoestima. Seja a Vênus de um homem ou de uma mulher, em Leão ela seduz principalmente pela confiança no próprio poder, por se assumir única e especial, por irradiar uma energia positiva que faz vibrar tudo e todos à sua volta.

Vênus em Leão chama atenção, ô se chama. Pode até ser que se esforce para isso, adornando-se de dourado (às vezes, até pintando o cabelo de louro, se forem naturalmente escuros), apresentando-se de um jeito singular. Mas em essência, Vênus em Leão não precisa se esforçar para aparecer; pode simplesmente ser ela mesma. A questão é que ela não costuma se dar por satisfeita com isso. Criativa, gosta de estar no palco da vida. É por esbanjar vitalidade que pretende agradar, mas se retribuem com elogios e cumprimentos ela fica lisonjeada, fazer o quê?

Isso não significa que Vênus em Leão seja supersegura no amor. Ela tem um desejo poderoso e uma noção do quanto seu fogo é capaz de magnetizar tudo o que deseja. Mas pode ser também bastante vulnerável à sua própria necessidade de veneração, suscetível às críticas quando não é aprovada. É extremamente vaidosa, e sentir-se subestimada ou rejeitada pode ser uma ferida fatal ao seu orgulho. Paixão é uma palavra que veste muito bem a Vênus em Leão, porque ela vive nesse estado inflamado, energizada de tesão pela vida e por quem lhe desperta todo esse ardor. Ela não se submete; aliás, faz bem o tipo controladora mesmo no ato sexual. Sua fome de poder busca alguém de paixão visível, em outras palavras, dono de uma potente ereção — sendo a Vênus de um homem de orientação heterossexual, entenda como metáfora da potência desejada. Pode até se vestir e se portar como uma diva, mas na cama é uma amante entusiástica e incansável, uma gata selvagem. O que pode faltar em sofisticação, ela compensa em empolgação.

Vênus em Leão entende a interação sexual como uma competição, na qual secretamente espera ser vencida. Ela faz o teatro da autossuficiência, mas, no que concerne aos seus desejos, quer ser arrebatada. Ela não pode ser tão independente se depende tanto da validação do outro, não é? Nos relacionamentos íntimos, pode estimular uma dependência perigosa, um jogo de dominação no qual pode acabar submetida pela sua própria exigência de retribuição. Aí, quando percebe está presa, só porque não recebeu a devida atenção, e que algo podia ser simples, mas ela esperava que fosse magnânimo. Quando solteira, Vênus em Leão costuma ter uma vida ativa de sexo e namoro, porém sempre com a expectativa de que a pessoa com quem está envolvida vai ser "a" pessoa.

Ela é exibida, atrevida, petulante e até fanfarrona, mas essas qualidades podem ser inibidas se esta for a Vênus de uma personalidade mais discreta, como a de um nativo de Câncer ou Virgem — o que pode ser significativo de um conflito íntimo, porque Vênus em Leão não admite ser reprimida. Então a pessoa precisa aprender a se expor de alguma maneira, porque é da autopromoção que obtém prazer. Vênus em Leão se considera merecedora do melhor e é assim que o atrai. Ela ama o status que o dinheiro pode lhe proporcionar; aliás, ama qualquer status, inclusive o profissional. É uma Vênus que agrega valor, e quando o seu talento é bem explorado, pode receber melhores oportunidades e remunerações.

## VÊNUS EM VIRGEM

Modesta para os padrões de Vênus, que ama se exibir, em Virgem a deusa da beleza prima pela discrição. Vênus em Virgem é atraente quando está à vontade neste lugar, não quando se questiona por isso, como se devesse se adequar a algum padrão mais admirável. Virgem não está confortável se vestindo da qualidade virginiana. Isso porque o desejo gosta de espontaneidade e não de (auto)crítica: o instinto do prazer não quer ficar pensando o tempo todo se é útil e nem que lhe ditem regras de conduta. Não é que toda pessoa que tenha Vênus em Virgem seja reprimida, embora possa ser bem puritana em alguns casos. Mas existe essa predisposição a conter.

Vênus em Virgem está à flor da pele, porém exige certo cuidado para ser tocada. Seja a Vênus de um homem ou de uma mulher, ela se apresenta como sagrada, mas no homem isso pode ser projetado no tipo de mulher por quem tende a se atrair. Ela emana essa aura imaculada que instiga nos outros o desejo de corrupção e transcendência, porém adora quando pode encarnar a puta. Mas até que alguém conquiste a sua confiança, ela não entrega o território. É uma amante dedicada ao parceiro como uma gueixa, mas nem por isso aceita fazer algo que não é do seu gosto. Em essência, Vênus em Virgem não se violenta por nada nem por ninguém. A denominação Virgem não está associada à castidade nos termos judaico-cristãos, mas a "autopossuída", algo relacionado à insubmissão — embora o papel de submissa seja a sua fantasia preferida e por isso ela se engane muito por aí. Mas até descobrir sua força, pode ser que Vênus em Virgem seja vítima nas mãos de algum perverso...

Antes de se entregar, precisa formar ligações emocionais, pois não se pode tirar vantagem de sua natureza servil sem lhe dar o devido valor. Vênus em Virgem está disposta a abandonar-se nas mãos de um amor que resguarde sua inocência natural sem explorá-la para além do moralmente aceitável. E isso não tem nada a ver com pudores sexuais, mas com respeito. Ela deseja uma entrega plena, porém tem uma enorme dificuldade em fazê-lo. Se Vênus em Virgem se desrespeita, pira na culpa e no ressentimento, pois não lida nada bem com propostas de sexo casual e relacionamentos sem compromisso. E sexo para ela tem que ser limpo, tá? Para conquistá-la é preciso ser atencioso e não se intimidar com sua relutância, pois Vênus em Virgem é difícil. Ela gosta de pessoas práticas e fica ressabiada quando o clima fica nebuloso.

Seu estilo é simples, o que não significa que lhe falte elegância. Dependendo do ambiente em que se encontra, Vênus em Virgem pode ser a hippie que se veste com tecidos de fibras naturais, sandálias de couro rasteiras e bijuterias de pedrinhas ou a executiva de alfaiataria muito bem cortada. Tende a ser minimalista nas modelagens, cores e acessórios, e não é nem mesmo de se maquiar demais, pois pretende que sua beleza seja a mais natural possível. A não ser que seus cabelos sejam indomáveis, ela dificilmente será adepta da escova, mas acontece de ser um pouco mais patricinha e ter a rotina da chapinha. Vênus em Virgem prefere se cuidar com tratamentos estéticos que facilitem seu dia a dia, de modo que não precise se preocupar demais em se arrumar a cada ocasião.

Ela pode ser uma ótima dona de casa. Afinal, a sua música-tema é aquela do Chico Buarque: "Todo dia ela faz tudo sempre igual, me sacode às seis horas da manhã...". Sem julgamentos pós-modernos: Vênus em Virgem pode ser bem tradicional sem culpa nenhuma e se sente segura quando as coisas estão organizadas numa rotina funcional. Considera que o cuidado com o lar e as pessoas que ama é um dos seus apelos sexuais. Em relação às finanças, é fértil, pode ser bem trabalhadora e administra seu dinheiro com previsibilidade e prudência. Dentre seus possíveis talentos estão a capacidade de análise e a habilidade com as mãos, podendo ser uma grande artesã. Vênus em Virgem é a estética detalhista e seu grande valor é o "menos é mais". Investir nela é garantia de retorno de qualidade.

## VÊNUS EM LIBRA

Vênus é também regente de Libra, então aqui está em casa, à vontade para expressar beleza e amor. Mas Vênus em Libra é bem mais idealista que Vênus em Touro, o outro signo regido pela deusa. Ela deseja nada menos que a harmonia, tão difícil de alcançar. Libra é o signo que trata das dinâmicas de relacionamento, e esta Vênus é a mais talentosa para lidar com o outro. Tem o dom da conciliação e sabe ceder para que de alguma maneira haja um entendimento com o parceiro. Como tudo tem dois lados, essa mesma qualidade pode ser causa de frustrações, principalmente quando a pessoa renega seu desejo só para não provocar conflitos na relação. O desejo de agradar o outro pode ser maior que o de se satisfazer, mas isso em geral tem um preço que cedo ou tarde é cobrado pela autoestima. Em essência, no entanto, esta Vênus é a própria temperança, equilibrando desejos e diferenças na balança.

A sedução é espontânea para Vênus em Libra, mesmo quando não se trata de um interesse sexual, e sim intelectual ou simplesmente social. Ela quer ser admirada e não faz mistério quanto a isso, mas tampouco precisa ser exuberante. Para Vênus em Libra, o esforço para se sobressair pode ser agressivo, e isso é tudo que ela detesta. Não quer tomar a iniciativa, quer ser conquistada. Por mais apreciadora do erotismo que seja, se liga mais no aspecto estético — sexo como arte — do que no carnal, podendo muitas vezes ignorar a relevância de sua própria sexualidade. Ela está mais para burlesca ou estudiosa do Kama Sutra do que para a selvageria, é refinada demais para isso. Mas quando é a Vênus de um signo passional, por exemplo Escorpião, pode ser desafiada a penetrar mais fundo em suas motivações.

Vênus em Libra ama o amor cortês e suas etiquetas. Não gosta de ser tratada como objeto e tem diretrizes morais que pretendem assegurar a ordem de suas relações. Adora compromissos assumidos. Não investe rápido e tampouco demais em alguém do seu interesse: adota uma postura um tanto reticente enquanto decide se permite a aproximação. Com isso, passa a imagem de que deve ser tratada com formalidades e até — desejo supremo — ser pedida em casamento. Ela se eleva acima dos desejos lascivos do corpo. O amor de Vênus em Libra é apolíneo, pretende-se mais iluminado que as sombras dos medos e ciúmes.

Vênus em Libra é possivelmente a mais elegante. Em geral, é atualizada na moda, mas é no mínimo uma entusiasta das peças atemporais. Mesmo quando a pessoa não liga muito para sua própria aparência, com Vênus em Libra ela preza pelo bom senso em se vestir. Pode ser básica, mas também não pode ser criticada pelas suas (não) escolhas, a não ser pela falta de ousadia — ela sempre prefere o caminho do meio. É difícil que não seja bela, não necessariamente segundo os padrões vigentes, mas tem contornos simétricos e encantadores. Ainda assim, prefere se arrumar a aparecer de cara lavada, pois tal qual a deusa Afrodite, o segredo de sua sedução está no seu cinturão mágico. O glifo de Vênus é perfeito para sua regência sobre Libra, porque parece que está sempre com um espelho à mão, tanto por observar seu próprio reflexo como por depender do olhar do outro para se sentir bonita. Educada, Vênus em Libra é o charme que obtém "sim" como resposta, mesmo que nada tenha solicitado.

Vênus em Libra se dá bem em profissões estéticas, tanto da ordem do corpo como da mente. É a própria artista. Também tem talento para profissões que cuidem dos relacionamentos e envolvam aspectos sociais — terapeutas, assessores, relações-públicas, diplomatas, advogados. Em relação às finanças, tem o mesmo pendor para o equilíbrio, mas ele pode ser desafiado por outros aspectos do mapa. Vênus em Libra por si só não é garantia de dinheiro na conta, porque a pessoa precisa ter outros aspectos que estimulem o trabalho e o senso prático. Mas Vênus em Libra é certeza de colaboração inteligente. Sabendo se conjugar a quem complemente com o que lhe falta, sucesso.

## VÊNUS EM ESCORPIÃO

Vênus em Escorpião pode ser compreendida em duas palavras: atração fatal. Não é para se assustar — ou talvez seja. Como tudo o que diz respeito ao signo de Escorpião, para esta Vênus o desejo é profundo e visceral, e as ligações afetivas são uma questão de vida e morte. Para alguns, isso significa apenas intensidade, para outros é mesmo uma violência ou abuso. É preciso compreender sua natureza misteriosa, fascinante e transformadora antes de se entregar ao encontro: não há como permanecer o mesmo depois de entrar nesse território obscuro.

Vênus em Escorpião pode ser bem obcecada pelo seu desejo, parece até que goza com o medo da perda e da falta. Seu prazer pode ser um tanto pervertido por gostar da dor, algo entre a sado e a masô — não necessariamente com o uso físico de algemas e chicotes, mas de efeito quase sempre psicológico. Antes de experimentar qualquer fetiche, a Vênus em Escorpião trama com o desejo alheio até manipulá-lo a seu bel-prazer. Sua técnica em geral é parecer indiferente e bancar a difícil: ela provoca, desafia e esconde o jogo até dar o bote e voltar à estaca zero; esse é seu jeito de prender o outro. Sempre com segundas intenções.

Vênus em Escorpião é a própria mulher fatal. Mas e se for a Vênus de uma mulher tímida? Ou ela esconde o que só vai mostrar entre quatro paredes, ou tem alguma repressão envolvida — e você que decida se vai encarar o risco ou não. E se for a Vênus de um homem? Ele também pode seduzir nesse modo sinuoso. Mas é bom lembrar que Vênus também trata das qualidades pelas quais nos sentimos atraídos. Então, não importa o gênero, a pessoa vai ser arrebatada pelo que tiver o apelo do segredo e da corrupção. Para

Vênus em Escorpião, o proibido é sempre mais gostoso. Que desejo incontrolável de ir contra os tabus! Nada que venha fácil lhe agrada, o seu lance é com a paixão em tudo o que ela tem de bom e mau — e, não raro, esta Vênus flerta com os vícios e os pecados.

Vênus em Escorpião é a prostituta do zodíaco. Insubmissa, é ela quem possui o outro com seu poder sexual, e não o contrário. Mas até que desenvolva esse poder, pode ser totalmente possuída. Ela pode até vender o corpo por dinheiro, pode não ter a menor vergonha de usar o sexo como recurso para tirar proveito de alguém ou de uma situação. Mas só entrega a alma quando sente uma atração ao mesmo tempo sexual e psíquica. É assim que qualquer pessoa que se junte a ela lhe pertence para sempre; mesmo depois de terminada a relação, fica aquela memória amarga de tê-la perdido. Mas não pense que é só o outro que sofre com a separação, não. Ela morre e, se não consegue renascer das cinzas, fica para sempre com um trauma que acaba a impedindo de se envolver novamente. Ou fica presa à sua própria sede de vingança. É por isso que para a pessoa de Vênus em Escorpião pode ser mais fácil abrir as pernas que o coração: o famoso pavor do abandono. E, como Freud explica, aquilo que mais se teme é aquilo que se acaba atraindo... Ela realmente pode ter que perder para aprender a ganhar.

Vênus em Escorpião se veste de fendas, decotes e transparências e está sempre exercitando seu poder de sedução; ela precisa desse tesão para viver. Quando elegante, prefere insinuar a explicitar. Mas há Vênus em Escorpião mais vulgar, e o que é que tem? Ela não deve nada a ninguém. Aliás, ela quer ser dona de si mesma por seus próprios meios, nem que para isso precise casar com alguém rico. Ela ama dinheiro e poder e pode ser bem estrategista em seus investimentos. Mas, assim como pode ser negligente em seus afetos, também pode ser leviana em seus gastos. Nunca se pode saber o que acontece dentro dela. Nem ela mesma sabe. Mas, no íntimo, o que ela deseja é uma entrega profunda e inquestionável, um vínculo de desejo e coração para além da vida, que não morra jamais.

# VÊNUS EM SAGITÁRIO

Indomável, Vênus em Sagitário é a própria amante da liberdade. Nem sempre isso significa que ela não se apaixona por uma só pessoa e quer ficar com ela por toda a vida, mas quase sempre significa que, mesmo num relacionamento sério, ela precisa de autonomia para experimentar desejos para além da pessoa amada. Vênus em Sagitário é fogosa — o que não quer dizer que tenha que trair, embora também possa querer explorar outros corpos e mentes por aí. Quem disse que não pode? Mas a vida é tão interessante em tantos outros sentidos, o mundo é tão grande! Vênus em Sagitário quer aprender mais e viajar mais. Ela sempre quer mais. Tente dominá-la e ela vai embora sem olhar para trás; desafie-a com inteligência e ela vai e volta pelo seu próprio interesse. Porque ela sempre vai; não adianta impedi-la, é melhor incentivá-la.

Para Vênus em Sagitário, o relacionamento tem que ser uma apaixonada jornada de infinitas descobertas mútuas. O que mais se poderia esperar de uma centaura arqueira? Mas, para conquistá-la, é preciso estimulá-la a seduzir, ela não vê graça em pessoas sem atitude — pode até tentar, porém não tem paciência para esperar eternamente por alguém. Seu desejo pode ser cativado, mas não por quem não aceita galopar ao seu lado. Ela deseja melhorar as pessoas com quem se relaciona. Este é um dos seus grandes problemas: suas expectativas podem ser grandes demais para que alguém esteja à sua altura. Ai de quem a decepcionar, pois será punido com a cruel verdade de sua insignificância, ignorado pelo resto da eternidade. E quando se apaixona por alguém demasiado humano e imperfeito por razões que nem ela mesma sabe explicar? Pode cair do cavalo. Mas quando considera ter encontrado a pessoa certa, é uma amazona invencível.

Tudo que é grande desperta o seu tesão, ela é exagerada por natureza. Pode ser uma aventureira, esportista ou intelectual, mas é essencialmente bem-humorada. O.k., ela fica bem mal-humorada quando está insatisfeita. Seu magnetismo se deve ao apelo sexual somado à inteligência: uma poderosa e afrodisíaca combinação, capaz de atrair paixões épicas. Acredite, Vênus em Sagitário é romântica. Mas não num sentido trágico, e sim glorioso e recompensador. Ela é uma otimista. É natural que idealize o amor acima de tudo e acabe sofrendo desilusões, mas não se destrói por isso. Ao contrário, ela dá a volta por cima e encontra um parceiro ainda melhor. E ainda cria algo promissor a partir da lição aprendida. É literária e filosófica, pretende escrever sua própria história de amor.

Vênus em Sagitário adora desvendar o enigma do outro, mas, uma vez desvendado, a relação tem que se estabelecer sobre a base da confiança, senão ela pira na própria loucura. Ela não admite segredos, ou pior: tem ojeriza à desonestidade. Se ela entrar nessa de ficar investigando o outro, tal qual Hera fazia com Zeus, já era. Presa ao ciúme, ela perde seu vigor. Quem mente para ela deixa de encantá-la, e mesmo que a relação não termine aí, ela perde uma conexão importante. A não ser que o outro admita o erro. Quando ama, a Vênus em Sagitário pode ser liberal e tolerante com as falhas alheias, mas mesmo assim seus princípios devem ser respeitados. Seu valor fundamental é a verdade. Mas, como tudo depende do indivíduo em questão, a coisa pode ficar meio dogmática e hipócrita. E vale lembrar que as verdades podem ser muitas, diferentes para cada pessoa.

Em sua selvageria, Vênus em Sagitário precisa de liberdade também para experimentar os prazeres, portanto seu amante tem que compartilhar do seu tesão absurdo. Ela pode topar tudo desde que seja para ser feliz, seu corpo é quente e ela é aberta às necessidades do outro. Sua libido é estimulada tanto pelo instinto quanto pela troca de ideias, marca da dualidade do centauro, metade animal, metade humano. Vênus em Sagitário é capaz de associar matéria e espírito e em sua intuição produzir as maiores riquezas. Em essência, a Vênus em Sagitário vibra na prosperidade, a não ser que esteja tensionada no mapa astral. O seu estilo pode ser luxuoso, mas há sua versão perua, retrato do exagero. Há quem prefira o estilo *boho*, colecionadora das suas andanças pelo mundo. Mas ela costuma ter seus momentos despretensiosos quando até se esquece de se produzir, pois não tem tanta paciência para ficar se preocupando com isso o tempo todo. O que ela precisa mesmo é de conforto. Em geral, Vênus em Sagitário sabe e atrai o que é bom. Sigam-na os bons.

## VÊNUS EM CAPRICÓRNIO

Como tudo que diz respeito a Capricórnio, no território do desejo o papo também pode ser sério. Vênus em Capricórnio deseja construir um relacionamento sólido, caso contrário ela não o vê como uma experiência válida e sente alguma culpa quando a relação termina. Não é que ela não possa praticar sexo casual, mas em geral isso parece perda de tempo. Quando se permite experimentar algo assim é porque está carente. Mesmo com a paixão ela lida com seriedade e obstinação. Para Vênus em Capricórnio, o compromisso não é apenas um valor fundamental, como é o que proporciona segurança. Essa postura tão exigente pode ser em muitos casos um tanto seca e defensiva, até que ela adquira confiança no outro. Nem sempre; muitas vezes Vênus em Capricórnio é afetuosa, sensível e delicada — ainda assim, mantém-se devidamente protegida até que a intimidade seja possível. Ela precisa manter o domínio sobre si mesma e de preferência também sobre a relação.

Vênus em Capricórnio costuma ser muito prática na expressão dos seus afetos. Ela até pode dizer "eu te amo" para amigos, mas com quem toca fundo seu coração pode ter uma dificuldade enorme em fazê-lo. É como se assim se sentisse mais vulnerável. Como não há nada que tema mais que a rejeição, é mais seguro guardar seus verdadeiros desejos para si. É mais comum que demonstre seu afeto dando presentes ou estando presente nos momentos em que o outro precisa de alguém, ou ainda resolvendo algo para o outro. Vênus em Capricórnio se relaciona melhor com quem não cobra sentimentalismos, que entende o seu jeito mais sóbrio e que sabe aguardar o momento certo de se aproximar.

É claro que essa seriedade varia, dependendo de outros aspectos do mapa do indivíduo; para alguns, pode se tratar mais de uma abordagem realista dos relacionamentos. Mas Vênus em Capricórnio sempre pode suavizar a resistência com o tempo, desde que não sofra algum sério abandono. Nesse caso, pode ser complexo libertar-se da casca em que se fecha para evitar o sofrimento. Mesmo que esteja disposta a se envolver, ela precisa de tempo. Sente que se relacionar é difícil e procura garantir a firmeza de um encontro para poder relaxar e cuidar de outros assuntos — talvez ainda mais importantes, por exemplo o trabalho. Para Vênus em Capricórnio, o trabalho dignifica, e realizar-se profissionalmente talvez seja o seu maior desejo, mais até do que o mito da alma gêmea, embora no íntimo também possa acreditar nisso. Se o ser amado for também parceiro de trabalho, melhor ainda. Uma parceria precisa ser produtiva.

Mesmo depois de envolvida e com compromisso assumido, Vênus em Capricórnio pode ser exigente com o parceiro, tanto quanto é consigo mesma. Ela fica de olho se o outro está mesmo andando na linha e por isso pode ser bem crítica. É sempre prudente, não gosta de correr riscos. A vantagem de se relacionar com ela é que tem o dom de deixar o outro seguro quando a relação alcança uma estabilidade. A reputação é importante. Vênus em Capricórnio pode não ter nenhum problema em ficar com alguém por interesse, e isso não é necessariamente um traço negativo de caráter, pode ser apenas uma forma de compreender para que serve um relacionamento. Ela não se precipita e pode se sentir mais atraída por pessoas maduras, em muitos casos mais velhas.

Autocontrolada, Vênus em Capricórnio tende a um estilo mais clássico. Mas ela pode desenvolver um estilo próprio que lhe afirme algum status, dependendo da imagem profissional que deseja projetar. De qualquer maneira, sempre se sente melhor quando madura, é quando sua autoestima floresce. Seu desejo de poder também vale para o dinheiro. A não ser que seja mal aspectada no mapa astral, ela tem talento administrativo e tino para investimentos, mesmo que não ganhe de imediato, mas acumule recursos gradativamente. Toda essa preocupação com a autoimagem pode ser desmascarada na cama, onde Vênus em Capricórnio em geral se revela à flor da pele. Ela tem algo de primitivo. É aqui que aparece seu instinto dominador e insubmisso, que pode até mesmo curtir um sexo sujo. Mas isso se ela também se permitir, é claro, porque, mesmo que no quarto as coisas sejam privadas, Vênus em Capricórnio pode ser das mais reprimidas. Em muitos casos, pode depender da boa vontade de um parceiro em desentranhar o seu grito de prazer.

## VÊNUS EM AQUÁRIO

O desejo de liberdade é o que move a Vênus em Aquário. Ela não precisa ficar solteira ou manter relações abertas para se sentir livre, embora talvez seja a Vênus mais provável a experimentar algo do tipo e gostar. Mas é preciso esclarecer a questão, até para que a própria Vênus em Aquário se compreenda: a instabilidade produzida por sua inquietação e rebeldia pode tornar a rotina (a dois) difícil — a não ser que seja repleta de novidades o tempo todo. Se por um lado isso pode ser um estímulo criativo, por outro pode ser estressante. O princípio venusiano do conforto e da harmonia não tem muito a ver com o libertário espírito aquariano, a não ser que se chegue a um entendimento inovador. A Vênus em Aquário precisa de mudanças frequentes e muitas vezes radicais. Para se relacionar com ela é preciso lidar bem com sua imprevisibilidade.

Como isso é possível em um relacionamento tradicional? Se ambos compartilham acima de tudo de uma amizade e se têm muito assunto ainda que os interesses não sejam os mesmos, se de alguma maneira ambos estão unidos pelas diferenças, se estão sempre inventando coisas novas: está valendo. A Vênus em Aquário precisa sair do lugar-comum e até por isso a pessoa costuma se atrair por tipos bem diferentes dela mesma. Se não for ela a excêntrica, deseja quem seja. Como a Vênus em Aquário é amigável, é preciso deixá-la solta por aí. Ela gosta que a acompanhem desde que não grudem nela. Não faz o tipo que anda de mãos dadas, considera isso muito estranho. Para quê? Sua conexão é mais mental do que física. O desconforto da Vênus em Aquário pode ser grande se estiver em um meio que não for receptivo ao seu jeito de ser. Seu estranhamento com sua própria afetividade pode ser praticamente uma sensação de exílio.

Os gostos da Vênus em Aquário também podem ser incomuns. Se todo mundo gostar, aí mesmo que ela não vai querer. Na verdade, ela sente um gostinho especial em ser do contra — nem que isso signifique gostar do tradicional; afinal, depende de quem está do outro lado. Vênus em Aquário pode achar o máximo o que for mais esquisito, mas também pode ser uma original e charmosa vanguardista. Os futurismos e as tecnologias lhe agradam. Tatuagens, piercings e toda forma de arte corporal, idem. Mesmo o homem de Vênus em Aquário também costuma ser adepto de vestimentas fora do padrão masculino, sempre tão igual. Na moda ela é uma antecipadora de tendências.

Ainda que em certas ocasiões possa se vestir tal qual uma extraterrestre, no jeito de ser a Vênus em Aquário dificilmente é afetada. Há sua versão rebelde e revolucionária, há quem seja outsider, mas em geral tem uma abordagem aberta e direta, ainda que meio distante e impessoal. Isso varia de acordo com outros fatores do mapa, mas a Vênus em Aquário costuma ser mais desprendida e avessa a sentimentos muito intensos, como o ciúme. Suas interações são mais desapaixonadas, e quando é pega de jeito por um sentimento, se atrapalha toda para expressá-lo. Até para dizer "eu te amo" ela pode querer inovar. Faz parte do jogo amoroso da Vênus em Aquário o desafio de continuamente descobrir uma maneira de surpreender o outro, senão o relacionamento perde a graça. A recíproca precisa ser verdadeira, ela se entedia se o parceiro não surpreende constantemente com novas formas de amar.

A sexualidade da Vênus em Aquário pode ser complexa. Embora possa ter uma mente pervertida e gostar de participar de uma putaria, no ato sexual não costuma ser muito calorosa, gozando mais na cabeça do que na sensualidade em si. Há muitas pessoas que chegam a ser assexuadas. Isso posto, dependendo do restante do mapa, há indivíduos de Vênus em Aquário que não apenas curtem o ato como o encenam performaticamente. De qualquer maneira, adoram quebrar tabus, estão sempre indo contra as regras mesmo no território dos prazeres. Também podem precisar de liberdade para ficar com quem quiser.

Talento para a arte, ciência, tecnologia, comunicação e humanitarismo, a Vênus em Aquário tem. Seu jeito de lidar com dinheiro também passa pela questão da independência, embora ela não seja muito prática para ganhá-lo de fato, tampouco para administrá-lo. É preciso que o mapa tenha estímulo de outros fatores, principalmente no elemento terra, para ajudá-la a materializar projetos e obter recursos financeiros. O investimento na Vênus em Aquário vale o futuro do amor.

## VÊNUS EM PEIXES

Vênus em Peixes é a mais romântica do zodíaco: de que outra maneira beleza e amor poderiam ser mais sublimes? Ela fantasia e se apaixona e poderia viver só disso. Este que é o seu encanto pode ser também o seu maior problema: os amores podem não ser reais. Em muitos sentidos, Vênus em Peixes prefere os relacionamentos platônicos a ter que lidar com eles em toda a sua desilusão. O amor está sempre acima de tudo e pode ser bem idealizado — quem é o ser amado nisso? É inevitável que caia na real em algum momento, mas é justamente a queda do (suposto) paraíso que lhe apresenta o verdadeiro significado de um amor transcendente.

Seu desejo é fundir-se ao ser amado, dois tornando-se um. Mesmo que esta seja a Vênus de uma essência mais individualista, como de alguém de Sol em Áries, no encontro amoroso a expectativa é de um envolvimento profundo, em que ambos abdiquem de alguns interesses próprios para criarem uma terceira entidade em comum: o casal. Para Vênus em Peixes, o matrimônio é sagrado. A pessoa pode até ter suas aventuras sexuais, mas sempre com a expectativa de encontrar a alma gêmea. Os sentimentos da Vênus em Peixes são tão sensíveis que ela sofre a cada decepção, e aí vem a vitimização: "O que fiz de errado, o que fiz para merecer isso?". E chora... Que vale de lágrimas! O amor para ela tem que ser espiritual, é preciso que exista essa mútua compreensão silenciosa, um elo energético unindo os seres para além do espaço e do tempo. Enquanto falta essa confiança em si e no outro, Vênus em Peixes não está completa.

A questão é: esse amor existe? Em seu sonho, Vênus em Peixes pode desconsiderar os desafios da rotina de um relacionamento e não enxergar absolutamente quem o outro é. Pode se apaixonar mais pelo desejo que sente pelo outro do que pela sua verdade. Há também o perigo de jamais se satisfazer, como se ninguém fosse tão especial, e ficar só em sua eterna busca. Há algo de solitário na Vênus em Peixes e, ao contrário de outras Vênus, não é porque tema se envolver ou deseje a independência: é por reconhecer o vazio do desejo humano. Mesmo quando encontra o seu amor espiritual e se sente recompensada em muitos níveis, ainda assim há aquele momento de desamparo, a íntima sabedoria de que nem mesmo um grande amor pode salvar a pessoa de si mesma. Peixes é o signo que fala do amor incondicional, mas não é esta Vênus sozinha que vai promover a evolução amorosa de um ser. É preciso que este ser alcance essa vibração elevada. Pelo menos Vênus em Peixes sensibiliza para isso.

Seu grande amor é quase sempre à primeira vista, salvo algumas situações em que nem percebe que o amor estava ali ao seu lado o tempo todo. Vênus em Peixes é sempre romântica, trata o outro com delicadeza e espera retribuição. Ela tem empatia com as dificuldades do parceiro, mas se ofende com grosserias. Na sua doação amorosa pode acabar sendo abusada por mal-intencionados. Vênus em Peixes adora se declarar e sempre procura a maneira mais bonita de fazê-lo, mas nem por isso é em geral uma boa moça (ou moço), mesmo quando aparenta ingenuidade. Na verdade, ela é meio sereia: ilusionista e sedutora. Até na moda, da qual ela entende tudo, é camaleoa, vestindo-se e travestindo-se de muitas maneiras (atenção ao amor pelos sapatos!). Vênus em Peixes pode combinar a aparência inocente de um anjo com o apelo pecaminoso, ou pode ser mais explícita em sua malícia e esconder a fragilidade da pureza.

Sexualmente, pode ser a falsa puritana que topa tudo na cama. Tudo mesmo! Talvez ela só precise de alguém que lhe mostre o caminho — e superar a própria culpa de ter prazer. Mas ela tem um desejo especial pela união de amor e sexo; aí a coisa fica tântrica. A intimidade para ela é sagrada. Vênus em Peixes é superintuitiva, por isso pode fazer arte e moda, por ter talento para pescar os símbolos nas águas do inconsciente coletivo e dizer o que as pessoas querem ouvir. Se vai saber administrar esse talento e os recursos que gera a partir dele, depende de outros fatores no mapa. Vênus em Peixes até pode atrair dinheiro, mas também gasta com facilidade. Assim como seus sentimentos são um caos, sua conta bancária também pode ser. A Vênus em Peixes é um investimento sobretudo espiritual, que dá retorno em muitos outros níveis.

# Marte

## A VONTADE

Para ser quem somos e para conquistar o que desejamos, precisamos de Marte, o planeta guerreiro. Na mitologia romana, Marte — Ares para os gregos — é o deus da guerra. Forte, viril e destemido, era invocado para defender seus seguidores nas batalhas. São muitos os seus feitos heroicos, mas ficou conhecido sobretudo como amante de Vênus. A passagem mais famosa de seu mito é quando o casal foi pego em flagrante por Vulcano, o marido traído da deusa. Enciumado, o ferreiro costurou uma rede de metal para prender os amantes em pleno ato sexual e expô-los ao ridículo perante o Olimpo. Mas Marte e Vênus não deram muita importância ao fato; o tesão que os unia era maior que tudo.

Na astrologia, Marte representa a vontade: é a ele que recorremos quando precisamos lutar pelo nosso desejo, quando precisamos atacar e nos defender, quando precisamos de potência. Marte quer e Marte pode. Ele está a serviço dos nossos interesses. É o planeta da energia masculina da agressividade, que em si é neutra: é apenas a força que faz acontecer. Se vai ser criativa ou destrutiva, afetuosa ou violenta, depende. Em primeiro lugar, do signo em que se encontra: em alguns casos pode ser mais assertivo, em outros pode ser indireto ou hesitante. Outros aspectos do mapa podem estimulá-lo ou desafiá-lo, seu caminho pode ser mais fácil ou difícil. Com isso, ele pode ser mais alegre ou irritado. Mas em essência não há Marte que não possa realizar uma conquista, depende de como o usamos. Este é um planeta de muito arbítrio. Não podia ser diferente se é com ele que expressamos nossas escolhas.

Assim como Vênus, Marte também tem dupla regência — em seu caso, Áries e Escorpião. Repare que são os dois signos opostos aos que Vênus rege. O que mobiliza Marte é Vênus. O desejo é uma tensão até que se expresse como uma vontade. Então Vênus precisa que Marte lute por ela. Se ele o faz, depende dessa interação íntima dentro do indivíduo: o casamento começa dentro de si mesmo. Se nem sempre Vênus e Marte de uma pessoa se entendem, como ela pode esperar que seus encontros com parceiros sexuais e afetivos se deem sem conflitos? A Vênus de um anseia pelo Marte do outro e vice-versa. Marte é o falo que busca sua penetração. Se ele não sabe o que quer, não tem como encontrar. Às vezes ele pensa que quer uma coisa, mas no fundo deseja outra. Quando Vênus e Marte brigam, não há relação. Isso não quer dizer que as oposições entre eles não resultem em prazer; mas apenas até certo ponto, senão vira dor.

Marte é o modus operandi do indivíduo. Como regente de Áries, é impulsivo; regendo Escorpião é mais insidioso. Mas Marte é sempre visceral: precisa extravasar de alguma maneira. Ao Marte em situação complexa no mapa pode faltar coragem para tomar iniciativas, de lutar ou perseverar numa conquista. Ou talvez sua atitude seja de autossabotagem. O indivíduo pode ser autodestrutivo, a raiva pode ser maior que o amor, ou ainda Marte pode ser literalmente impotente. Toda luta pressupõe um confronto com um outro, mas esse confronto pode ser amistoso, colaborativo ou romântico, mesmo que Marte sempre advogue em causa própria. Ele não deixa de ser jamais um instinto de sobrevivência e por isso pode ser bem reativo. É preciso compreender que a natureza de Marte é sempre competitiva e ele opera sob a lei do mais forte. Mas há competições saudáveis, por exemplo no esporte, na autossuperação profissional. Ou para conquistar o coração do ser amado.

## MARTE EM ÁRIES

Marte é o regente de Áries. Marte em Áries é o próprio conquistador, tem sua potência inflamada por uma vontade inabalável. Ele não consegue pensar em mais nada além de querer. O quê? Ou, no caso, quem? Quem tiver despertado o seu desejo, e que pode ser qualquer pessoa, mas com certeza não é alguém fácil ou não valeria o esforço. Este é um Marte movido a desafios, e quanto mais excitante o jogo e mais satisfatória a recompensa, melhor.

As qualidades da independência e da liderança são muito fortes no Marte em Áries. Ele possui uma energia impulsiva e objetiva capaz de tomar decisões rápidas e assertivas. Mas é claro que nem sempre é vitorioso, pois é impaciente. Quer tudo de imediato, como se estivesse numa corrida, e nem sempre o tempo das coisas e dos outros é tão urgente. Ele erra principalmente quando cegado pela paixão ou pela própria raiva. Marte em Áries é agressivo porque é animalesco e brutal, o que, quando canalizado no sexo, pode ser bem excitante — não discorde, apenas aproveite; sua satisfação pode ser até maior que a dele! Mas em outras questões de relacionamento, pode ser bem difícil lidar com ele. Ele é reativo. Este é um Marte com quem ninguém quer brigar, porque ele ganha nem que seja destruindo tudo. Marte em Áries pode ser bem irracional, menos se estiver a serviço de um signo solar mais harmonioso, totalmente se promover e defender um signo de tendência egocêntrica. Marte é testosterona, e em Áries ele é sempre de uma atitude masculina, mesmo quando é o Marte de uma mulher de aparência superfeminina.

Ele nunca descansa e está sempre alerta, tanto para os perigos quanto para as oportunidades, tanto para a concorrência dos outros Martes quanto para as promessas de êxtase das pessoas maravilhosas que desfilam à sua frente desejosas de seu vigor. Mas sobretudo Marte em Áries está sempre atento à pessoa amada, porque ele se apaixona, e como! A pessoa que ama é quase uma personificação de Vênus, ou seja, a sedução em pessoa. Uma musa algo inalcançável em beleza e amor. Marte em Áries está sempre pronto para o combate, é competitivo e não se abala com as dificuldades. Ele é capaz de criar confusão só para se manter ativo e excitado. Não lhe interessa competir por esporte, ele tem que ganhar. Quando perde, sente uma frustração e rancor difíceis de tolerar. Ele tem que estar no controle da situação, jamais permite que o parceiro assuma o comando, embora nem perceba que às vezes está sendo dominado por alguém ainda mais poderoso que ele e que o seduz de tal maneira que mal percebe. Porque não pensa antes de agir, acaba sendo presa fácil para pessoas magnéticas e sinuosas.

Áries é um signo infantil, e ter o Marte ali é ser brincalhão e fazer bagunça, não tolerar ordens ou restrições e gastar energia de sobra, porque parece que ela se renova automaticamente. Mesmo adulto e com perspectivas mais sérias, o indivíduo com Marte em Áries tem uma abordagem bem primitiva das situações e pode funcionar melhor quando orientado por um signo solar mais estrategista. Mas há um valor inquestionável na sua impetuosidade. Não adianta aconselhar, porque ele vai assumir o risco se isso o entusiasmar; ele precisa dessa motivação para viver. É um caçador e um guerreiro, e nenhuma dessas atividades é para os fracos. Inclusive ele costuma malhar o corpo para estar sempre em forma para o que der e vier, e se fizer um tipo mais intelectual também vai estudar bastante para esbanjar conhecimento. Marte em Áries se sente confortável sendo impositivo. É pouco afeito a negociações, prefere lutar. É melhor que lute, então. Não seja fácil para ele.

## MARTE EM TOURO

Ele não está numa competição como outros Martes, mas duvide quando disser que não está jogando de forma alguma. Marte em Touro joga, sim, mas com o tempo, e sem fazer alarde das suas intenções. Ele se sente desfavorecido de alguma maneira, então precisa usar outras armas, tornando-se mais estrategista. Touro é um signo de natureza muito diferente de Marte — é regido por Vênus, seu complemento e princípio de sedução, não de conquista. Aliás, Marte rege Escorpião, o signo oposto a Touro. Então Marte em Touro parte para a conquista como quem seduz: em vez de tomar a iniciativa por sua própria conta e risco, ele instiga os outros a colaborar e a lhe abrir os caminhos que tanto deseja.

Por isso é que em muitas situações Marte em Touro pode ficar para trás, tal qual na corrida entre a lebre e a tartaruga. Mas se você se lembra dessa história, a lebre se exaure um tanto nesse ardor, enquanto a tartaruga acaba chegando de qualquer maneira. E chega inteira, tendo aproveitado melhor o caminho. É verdade que neste mundo competitivo são poucas as situações em que podemos nos dar ao luxo de dar tempo ao tempo — um piscar de olhos e pronto, a oportunidade foi perdida porque alguém mais rápido a abocanhou primeiro. Mas lidar com o tempo é uma sabedoria.

E o amor é uma lição do tempo. Marte em Touro não é dado a paixões à primeira vista — ele pode até sentir algo a mais, mas vai esperar até ter certeza do que sente e se vale mesmo o investimento. Ele curte os lentos movimentos de ação e reação. Pode perder muito tempo em suas próprias inseguranças. Ainda que esteja a serviço de um signo solar cheio de potência como Áries, hesita em dar cada passo, pisando com cautela para sentir se o terreno é mesmo firme. Por isso custa a afirmar suas vontades, disfarçando com indiferença. Mas não acredite nisso, ele é determinado e persistente. Se há algum questionamento a fazer a Marte em Touro é se ele quer mesmo, mas aí pode ser o caso de um pouco mais de sedução. Principalmente em relação à sexualidade. Este Marte gosta de se deixar seduzir pelo desejo do outro e só avança quando está muito seguro. Ou seja, quando o outro já (praticamente) disse: vem!

Marte em Touro se impõe pela doçura, que jamais deixa de ser firme. Este é o Marte da resiliência: o princípio da física que a psicologia pegou emprestado para designar a capacidade de resistir à pressão e de continuar, recuperando seu estado emocional em situações de estresse. Ele é capaz de vencer pela resistência, permanecendo quando os outros já se queimaram no ímpeto ou desistiram. Este é o Marte mais teimoso do zodíaco, o que significa ser um tanto cabeça-dura e insistir mesmo no que não merece insistência. Ele se mantém impassível diante dos conflitos e ninguém consegue brigar com ele. É também muito paciente, mas tão paciente que as pessoas chegam a se perguntar se ele jamais se irrita. Sim, ele sente raiva! Mas é passivo-agressivo, oferece resistência ou guarda tudo para si, acumulando uma agressividade que, quando sai, o torna irreconhecível, tal qual o touro animal na arena, destruindo tudo o que vê pela frente com seus chifres. Não queira ver Marte em Touro assim, não é nada agradável!

Melhor para ele quando consegue canalizar sua agressividade para o sexo animalesco, sua forte sensualidade agradece. Marte em Touro valoriza a dimensão física do prazer. Não liga para fantasias, gosta das coisas simples como no mundo animal, é assim que se faz e pronto. Seu impulso sexual é forte mas controlado; é preciso ter muita paixão para se soltar. Ele pode até se permitir encontros mais viscerais sem compromisso, porém se liberta mesmo quando a relação se torna íntima. Aí, junto com a sensualidade tem também muito sentimento envolvido. Marte em Touro pode ser bem possessivo. Ele investe muito no amor, que é diferente da paixão porque não pretende recompensa imediata, mas a longo prazo.

Marte em Touro também investe muito nos negócios. Independente da sua atividade e mesmo quando é artista, é obsessivo em acumular dinheiro e garantir-se segurança para toda a vida. É um grande provedor, um ótimo pai, um cuidador. Marte em Touro é sólido e se atrai por quem seja igualmente estável. Um valor que está acima da beleza, que ele tanto aprecia: o caráter.

## MARTE EM GÊMEOS

"Ou isso ou aquilo?" é a pergunta que Marte em Gêmeos se faz a todo momento. Mesmo Marte, que é a própria atitude, pode ter dúvidas quando sua expressão depende da capacidade de escolha geminiana. Isso não quer dizer que ele não as faça, nem que não tenha iniciativa, mas ele pode estar sempre em encruzilhadas, encarando com mais angústia o desafio da decisão. O que para outros pode parecer vacilação, Marte em Gêmeos pode considerar uma inteligente estratégia de ação: informando-se melhor sobre as alternativas, ele não só evita a precipitação como ainda pode se movimentar com mais assertividade, obtendo resultados mais positivos.

Mas é comum que o indivíduo com Marte em Gêmeos custe a saber lidar com sua indecisão, só conseguindo se direcionar adequadamente para as suas metas quando mais experiente. Este é um Marte jovial mesmo quando mais velho, o que significa que conserva a tendência aos impulsos inconsequentes simplesmente porque precisa de movimento para satisfazer sua curiosidade. Marte em Gêmeos é inquieto demais para se paralisar, mas isso também pode acontecer, principalmente quando as opções são múltiplas e ainda mais quando envolve uma escolha muito séria. Aí ele não consegue optar. Pode ter dificuldade para lidar com compromissos, horários e esquemas de qualquer tipo. A Marte em Gêmeos falta disciplina; para isso a pessoa depende de outros fatores do mapa.

Por outro lado, sobra jogo de cintura. Marte em Gêmeos é dinâmico, não consegue parar, envolve-se em muitas atividades e em contínuos deslocamentos, como se tivesse formiga na cadeira. Sobretudo sua mente é agitada. Marte em Gêmeos pode até ser um grande esportista, mas sempre vai ser um intelectual, nem que seja do esporte — ou de botequim, cheio de ideias que se pretendem teorias inquestionáveis. No que diz respeito às suas próprias ideias, não faltam certezas, e por isso usa sua inteligência para conquistar. Se o caminho para o seu desejo não estiver aberto, ele estuda mais até entender tudo de que precisa. E como gosta de aprender! A questão é o quanto é capaz de persistir, já que é próprio da natureza de Gêmeos mudar de ideia no meio do caminho por vislumbrar algum outro potencial mais interessante...

Marte em Gêmeos lida com os afetos com a mesma ambiguidade, querendo e não querendo, agindo e esperando, mudando de ideia o tempo todo. Mesmo quando muito apaixonado, tem esse jeitinho de dar nos nervos dos outros. Faz parte do seu jogo, e é por isso que gosta de pessoas versáteis o suficiente para deixá-lo igualmente desnorteado. A variedade é tempero para sua vida, em muitos casos inclusive sexual. Marte em Gêmeos precisa de estímulos constantes para sustentar seu tesão. Se com um parceiro não estiver mais tão interessante, pode saltar de uma relação para outra, sempre mantendo as coisas numa superficialidade que lhe garanta o prazer fundamental mas não exija demais. Assim como gosta de um debate acalorado, Marte em

Gêmeos também pode gostar de uma relação mais excitante, e nesse caso não se trata apenas de sexo, tampouco de carinho, mas fundamentalmente de afinidade mental: ele se atrai para valer é pela inteligência! Com alguém articulado e dono de conhecimentos interessantes, ele se empolga e investe com impressionante dedicação.

Marte em Gêmeos se mobiliza pela comunicação. E se há algo que pode tirá-lo do sério é a divergência de opiniões, porque ele jamais se furta a emitir a sua, nem que para isso tenha que brigar. Em um relacionamento, as constantes DRS podem ser fator de separação. Mesmo quando é o Marte de um homem culturalmente treinado para fugir disso, ele não consegue evitar! Se bem que aí ele também pode ser um tanto enrolador... Marte em Gêmeos se irrita com pessoas lentas e bloqueios de todos os tipos, desde a fila no supermercado até a burocracia governamental. Situações em que seu movimento é prejudicado suscitam sua agressividade. Ele também pode ser bem competitivo para se afirmar como o mais genial, e o modo franco como costuma expressar suas ideias às vezes pode provocar hostilidades. Marte em Gêmeos precisa praticar a tolerância.

Deixado à vontade, fica numa boa, podendo ser um excelente companheiro. Certeza de experimentações interessantes e nada de tédio. Uma dica: aproveite suas habilidades manuais. Independentemente do seu interesse sexual, ele sabe divertir com as mãos como nenhum outro Marte.

## MARTE EM CÂNCER

Como fica Marte em um signo de natureza tão sentimental, que contradiz o seu princípio de agressividade? Fica desconfortável, e isso costuma ser um dos maiores problemas para Marte em Câncer. Ele pode ter muita dificuldade em se afirmar em um universo tão competitivo e ávido por conquistas imediatas. Afetado por suas próprias emoções — e sabemos o quanto as emoções podem ser paralisantes ou intensificar a raiva —, Marte em Câncer não é um guerreiro destemido e em geral não sabe como agir, pela falta de percepção de sua própria força, insuficiente ou destrutiva. É portanto um Marte inseguro, até que descubra a coragem.

Marte em Câncer é frequentemente enfraquecido pelo ímpeto dos colegas que se atiram à experiência e à conquista com furor e que chamam atenção para si mesmos com tanta autoconfiança. Ele pode aprender muito com as frustrações e as derrotas que, ao contrário de combalir seus sentimentos, acabam por fortalecê-lo. Ou pelo menos assim deveria ser, já que quando age por ressentimentos ele se dá mais mal ainda. É mais problemático quando é o Marte de um homem, porque destes se exige uma postura ativa, diferente das mulheres. Marte nunca é passivo, embora possa temperar seus impulsos com mais observação, paciência e estratégia, mas mesmo isso é difícil para Marte em Câncer. Porém em quantas situações da vida os frágeis não superam os supostamente favorecidos porque agem com uma cautela que se revela mais sábia que a vontade inabalável?

O território amoroso é um dos campos em que pode se beneficiar. Marte em Câncer pode ser um ótimo artista, alguém que envolve o outro numa aura de encanto em vez de partir para o ataque, que declama uma poesia em vez de falar sacanagem. Ele é a ação delicada que flui entre as vias de menor resistência, que deixa a emoção escoar desimpedida e amolece corações empedernidos: água mole em pedra dura. Marte em Câncer precisa de firmeza íntima, da convicção do poder de seus sentimentos, senão fica magoado e enfraquecido com a insensibilidade alheia, que é aliás o que mais se encontra por aí.

Ele precisa se fazer de bobo no meio de tantos espertos, fingir que não entendeu uma ofensa ou questionamento à sua capacidade. Ele opera mais na defesa do que no ataque e é assim que costuma vencer, por ainda estar na luta quando outros já empregaram de uma vez toda a energia que tinham. Mas mesmo quando não há jeito de não tomar uma atitude, Marte em Câncer é indireto, à moda do caranguejo que anda de lado. Ele se insinua, encanta seu objeto de desejo até que sinta o momento de atacar com sua pinça infalível. Quando Marte em Câncer quer alguma coisa, é nesse nível de querer! E este não é um Marte de querer muitas coisas, porque não dá conta. Quer operar numa margem de segurança e não é dado a ousadias, a não ser que outros fatores do mapa astral individual o incitem a superar seus próprios receios. Mesmo sendo o Marte de um signo agressivo como Áries, ele pode refrear os ímpetos.

O maior combate de Marte em Câncer são seus conflitos internos, porque é o seu caos emocional que ele precisa vencer para conquistar o que ou quem quiser. É comum que tenha atritos com familiares e com quem tenha vínculos íntimos, porque quanto mais próximo, mais se sente exposto. Vulnerável, se sente mais ameaçado. Ele precisa aceitar a fragilidade como potência, senão pode reagir com irritação exagerada, principalmente com quem está perto; paradoxalmente, é com quem se sente à vontade para expor o seu pior lado. O perigo é magoar os outros por saber exatamente o ponto onde tocar. Ele também pode manipular sentimentos para conduzir as pessoas a fazerem o que quer, nem que seja se colocando na condição de vítima. Há quem goste do tipo coitadinho e talvez assim ele conquiste algum cuidado, mas será que ele quer mesmo essa condição?

Quando consegue enfrentar suas próprias tormentas, Marte em Câncer pode ser de uma assertividade subjetiva como nenhum outro é capaz, de perceber aquela nuance que pode abrir a porta desejada ou o coração da pessoa amada. Quando sente uma ligação emocional, fica à vontade para se dedicar de coração, se tornando um grande provedor, cuidadoso e protetor. Pode até se tornar um grande empreendedor no mundo dos negócios. Aí, sim, ele pode se sentir em posse de si mesmo, se derramar sexualmente, porque goza se deixando levar sem pressa nenhuma. Quanto maior a confiança, mais apaixonado. Enquanto outros Martes só estão interessados na conquista, ele quer ficar para sempre.

# MARTE EM LEÃO

Apaixonado por sua própria potência, Marte em Leão pode ser dos mais egoicos. Isso tem um preço, mas é inegável o valor deste Marte tão poderoso. Imbuído de um sentido de missão que lhe confere um direito divino à posse, Marte em Leão é um comandante, confiante em sua capacidade de criar as oportunidades favoráveis ao seu sucesso. Sua criatividade é o seu poder. Enquanto outros estão tentando lidar com as situações como se apresentam, Marte em Leão dá um jeito de fazer o que quer. É voluntarioso, aliás, bastante teimoso, mas absolutamente magnético. Contagia legiões de seguidores, que se entusiasmam com seu tesão!

Exalando autoconfiança, pleno de convicções e mobilizado por desejos nobres — ou pelo menos ele assim os considera —, Marte em Leão tem aquela qualidade própria do signo de atrair pelo calor, como a luz atrai todos os seres vivos do planeta. A diferença é que Marte é um princípio ativo e não trata de ficar só esperando que venham ao vosso reino, algo que poderia ser mais do princípio venusiano da sedução. Marte tem que tomar as devidas atitudes pela conquista. Mas, por maior que seja a sua paixão, Marte em Leão pode se portar como um rei, preferindo dar ordens em vez de fazer por sua própria conta. É centralizador, espera que o acatem sem contestações e pode se tornar um tirano quando contestado. Não é raro que exiba essa característica mais sombria, por mais que se apresente como solar, assim como não é incomum que se dedique a uma conquista com a melhor das intenções, mas, uma vez conquistado o prêmio, se torne absolutista em sua vitória. Na verdade, seu exercício de poder costuma ser uma espécie de ditadura benevolente — se é que isso é possível.

Mesmo que não se sinta forte para encarar uma batalha, ele precisa parecer forte perante os outros. Marte em Leão é vaidoso, precisa sustentar a aparência como fonte de seu poder, já que costuma conseguir o que quer por inspirar admiração. É tão competitivo que já chegou ao estágio de não considerar ninguém digno de seu desempenho. Mas, na prática, não pode é se dar ao luxo de parecer fraco, o que pode frustrar um pretendente com a expectativa de acessar sua vulnerabilidade para cuidar dele — ele gosta de ser mimado pela sua realeza, não pela fraqueza. Por isso ele não se atrai por pessoas insossas. Pode até ser que um tipo mais frágil desperte seu pendor para o heroísmo, mas ele jamais vai curtir uma figura sem sal; Marte em Leão gosta na verdade é de pessoas poderosas que lhe provoquem a mesma admiração que ele inspira nos outros, que representem um desafio sem insubmissões. Imagina se ele vai aceitar questionamento em seu próprio palácio real?

Ele jamais deixa de ser dominador, inclusive na arena sexual, quando exibe o seu vigor digno de proezas como nenhum outro, como sustentar uma ereção por horas e oferecer ao parceiro o êxtase que jamais conhecerá, a não ser com ele. Cá entre nós, não costuma ser muito inventivo na cama, ficando mesmo é com a expressão nua e crua dos instintos. Marte em Leão se sente o mais especial. Projeta saúde e vitalidade, costuma ter um físico avantajado e um porte sobrenatural, e opera no modo autossuficiência. Mas, como adora que o orbitem, tem uma queda pela condição de codependência, desde que a grande vantagem seja dele, é claro. Porque ele pode ser soberbamente egoísta. Seu maior adversário é seu próprio orgulho, que ofusca seu discernimento quanto à eficiência de suas ações e à validade de suas metas. Marte em Leão pode perder muito tempo e energia tentando convencer os outros de que está certo quando tudo prova o contrário. É difícil fazê-lo ceder, e ele tem uma enorme resistência em admitir qualquer fracasso.

Não é exatamente efusivo em suas demonstrações de afeto, prefere reservar sua expressão mais apaixonada para situações extraordinárias. Não só porque teme gastá-las e assim desvalorizá-las, mas também porque é dessa forma que sustenta seu poder sobre os outros, que fazem de tudo para obter sua aprovação. Mas quando está à vontade, é brincalhão e generoso, devolvendo os elogios e louvores com disposição em fazer ainda melhor e gerar ainda mais prosperidade. Marte em Leão pode ser verdadeiramente leal e magnificente. É tudo uma questão de ele querer ser tudo isso.

# MARTE EM VIRGEM

Marte em Virgem é um grande produtor. Mesmo que não exerça esse ofício profissionalmente, é o tipo de pessoa que produz tudo na vida de todo mundo. Seu modus operandi é organizado, eficiente e prestativo, por isso é comum que as pessoas se apoiem nele na expectativa de que resolva seus problemas práticos. Normalmente, nem é preciso pedir ajuda, ele mesmo já se dispõe a fazer o que for preciso, nem que seja limpar a casa (dos outros) após a festa. Marte é o planeta da ação e Virgem é o signo da prestação de serviço, então não se poderia esperar outra coisa dele. É ao oferecer seus préstimos que Marte em Virgem se sente poderoso, então não dá para se sentir culpado por demandar isso dele, não é?

Mas acontece de as pessoas se arrependerem de lhe pedir qualquer coisa, ou mesmo se sentirem incomodadas de ele se intrometer sem que tenham pedido. O seu jeito crítico de fazer as coisas pode ser bastante irritante, ainda mais quando está tudo errado e ele precisa consertar — pelo menos segundo seu julgamento. Às vezes parece que Marte em Virgem precisa enxergar defeitos, como se se sentisse mais importante ao demonstrar sua capacidade de elaboração de soluções objetivas. Mas é verdade que, depois de deixá-lo assumir a tarefa com seu jeito sistemático, ninguém costuma se queixar de as coisas funcionarem melhor. Marte em Virgem é eficiente. E tem sempre muita disposição para trabalhar; é a possibilidade de ficar parado que o angustia. Já a ansiedade parece ser seu estado natural, esteja parado ou em movimento. Além de tudo, sua atividade mental é intensa, ele jamais para de pensar. Até por isso precisa tanto se ocupar em busca de alívio psíquico.

Marte em Virgem se sente melhor na rotina, não curte situações imprevistas e evita pessoas inquietas, que fiquem inventando coisas que fujam ao seu esquema. Embora seja comum que trabalhe para pessoas que abusam de sua força, no que diz respeito à intimidade ele prefere conforto: não acha atraente alguém muito aventureiro, que o obrigue a ser ousado e criativo. Ele quer produzir dentro do previsível, senão a dor de cabeça vai ser maior que a recompensa. Marte em Virgem avalia cada centavo do seu esforço. Afinal, os produtores não precisam fazer um trabalho acontecer dentro do orçamento? Marte em Virgem quer retorno compatível com seu investimento e, em termos emocionais, este pode não ser muito grande, a não ser que este seja o Marte de um indivíduo de signo solar mais apaixonado.

Marte em Virgem observa o jeito de ser da outra pessoa e compra o presente perfeito. O exemplo não é à toa: presentear é uma das suas formas de demonstrar afeto. Assim como cuidar de alguma questão burocrática que ninguém mais faria, pregar quadros na parede e consertar o problema no encanamento da cozinha. Precisa de alguém para negociar um serviço qualquer? Chame Marte em Virgem como representante ou procurador. Só tenha cuidado para não depender demais dele, porque aí a coisa começa a mudar de figura — o que era prazer vira obrigação e ele se ressente de estar sendo usado e pouco valorizado. No fundo, Marte em Virgem tem um probleminha de autoafirmação. Seu ataque e sua defesa são a crítica, entrando numa guerra no nível mental em que é difícil vencê-lo, porque ele consegue tocar no ponto de dor. Sua potência analítica pode ser construtiva, mas também pode ser seu próprio adversário.

Para Marte em Virgem, é muito difícil lidar com seus próprios erros. Mas ele se esforça para superar suas dificuldades e geralmente consegue — em muitos casos sob o risco de um colapso mental, mas é preciso deixá-lo quieto em suas autorreflexões, ele se vira sozinho. Obsessivo? Mas para ser justa com Marte em Virgem, ele adora demonstrações de afeto, e quem não gosta? Pode ser um tanto inseguro (tímido, o.k.!) para receber elogios, ainda mais se publicamente, mas no que diz respeito à sensualidade, ele gosta de se deixar levar. A não ser que haja algum tipo de repressão moral — e pode haver, já que ele tem a tendência a se conduzir por esse tipo de julgamento.

Seguindo a lógica de Virgem, que é a da saúde, Marte neste signo adquire vitalidade com alimentação balanceada e exercícios físicos cotidianos. É assim que seu desempenho é pleno, inclusive em termos sexuais. Sexo para ele é satisfatório quando experimentado com naturalidade, sem preocupações performáticas. O ato sexual precisa ser conduzido pelas sensações físicas, e não por fantasias elaboradas. Mesmo que o indivíduo seja sonhador, na prática Marte em Virgem reage segundo estímulos sensoriais, precisa admirar a aparência da pessoa desejada, ser acariciado e envolvido. Pode ser bem habilidoso para oferecer prazer (principalmente com as mãos), mas aprecia que igualmente lhe ofereçam carinho para relaxar a tensão muscular e gozar profundo. Pode ter algumas frescurinhas no que diz respeito à higiene do ato. Na verdade, Marte em Virgem prefere amantes menos experientes, para não correr o risco de fazer feio. Ele é essencialmente um submisso. Quando pode se colocar como um mero instrumento do prazer alheio e também gostar disso é que se sente realmente à vontade.

## MARTE EM LIBRA

O pacífico signo de Libra não é um território confortável para o bélico Marte, que se sente pressionado pela necessidade de ser gentil. É mole? Não, é temeroso: Marte é o princípio do impulso e rege Áries, signo oposto a Libra da ponderação. O que se compreende por ser guerreiro é a capacidade de enfrentamento, e neste sentido Marte em Libra pode perder. Ele está mais para a resistência pacífica, não usa a força com imposição, mas com diplomacia. Sente-se forte quando consegue dialogar e negociar. Precisa conjugar forças. Isso pode ser um problema quando o que ele quer difere demais da vontade dos outros. Marte em Libra pode ter muita dificuldade em se afirmar, toda a sua movimentação é no sentido de agradar todo mundo. Quando a situação demanda atitudes mais enérgicas, também pode deixar a desejar.

Mas não é inteligente que alguém erga a bandeira branca quando todo mundo quer ir à guerra? Sim, e Marte em Libra usa a cabeça e não os músculos em primeiro lugar. Ele tem potencial para ser um grande estrategista, mas isso depende da inteligência do indivíduo em questão. E não apenas em termos de conhecimento, mas também de inteligência emocional. Sobre ele sempre vai cair o peso da agressividade, até mesmo a própria, porque mesmo que esta não seja a natureza deste Marte, em muitos outros sentidos pode ser a do indivíduo. E se for de um signo mais egocêntrico? E se sua Lua permanecer num estado infantil mal resolvido? Quanto à agressividade dos outros, eles sempre estão à procura de alguém em quem atirar sua violência. Na sua falta de atitude, Marte em Libra pode parecer fraco, a vítima perfeita.

Alguns aspectos astrológicos envolvendo Marte em Libra podem significar que a própria pessoa tem uma raiva mal canalizada. Em essência, Marte é ação, mas o Marte em Libra que não consegue se mobilizar pelo que deseja pode aprisionar uma energia poderosa dentro de si, até que ou exploda e destrua tudo ao redor, ou imploda. Marte em Libra pode ter medo da força, o seu desafio é usá-la com sensatez, ter coragem de expressar o que quer, ceder pelo bem-estar comum sem violentar suas necessidades fundamentais, é ter firmeza para dizer "não" quando esta for a melhor resposta não apenas para si, mas também para os outros, é coibir abusos. A tendência conciliadora de Marte em Libra sempre vai ser testada nos conflitos dos quais não tem como escapar, principalmente quando o conflito é por causa de algo do próprio indivíduo. É em situações tensas nas quais está ameaçado que ele deve lutar por justiça; aí pode fazer valer sua vontade de igualdade.

Diante de qualquer decisão, ele sempre pesa as consequências, e no final é como se respondesse com um definitivo "talvez". A melhor maneira de lidar com o que para muitos parece indecisão é debater com ele, o que inclusive pode excitá-lo. Mas convém saber que nem por isso concorda com tudo; ele tem que mostrar o outro lado das coisas. Libra é o signo do equilíbrio, o modus operandi deste Marte não poderia ser senão racional e lógico. Opostos se complementam, oras. É na base da argumentação que Marte em Libra conquista o que quer, seja uma meta profissional ou o coração de alguém. Ele não é competitivo, é colaborativo.

Colocá-lo no páreo pode deixá-lo estressado porque sabe que está em desvantagem, mas numa troca de ideias ele cresce e aparece. Seu vigor depende de estar no seu devido lugar.

Sexualmente, Marte em Libra também precisa estar à vontade com o outro, sem a interferência de terceiros; o papo ali é de um para um. Ele se aproxima aos poucos e com graça, não espere declarações imediatas. Como o Marte de um homem, lembra a imagem de um clássico cavalheiro, cortês e cuidadoso. Como o Marte de uma mulher, pode se deixar ficar numa posição passiva à espera que a cortejem. Marte em Libra pode ser um ótimo parceiro, do tipo que está sempre ao lado. Mas ele gosta mais de ser uma ferramenta sexual para o prazer do amante do que de buscar gratificação para si. Assim como pode estar mais interessado no compromisso em si do que na expressão das paixões.

## MARTE EM ESCORPIÃO

Aqui, Marte está em casa. Marte rege Escorpião, eis um Marte poderoso. De onde vem a força? Marte em Escorpião é capaz de extraí-la das profundezas, como quem descobre petróleo: a maior riqueza é sempre oculta. Por não fazer alarde de suas intenções que Marte em Escorpião é um competidor ou inimigo perigoso. Seu poder é discreto e persistente, ele se infiltra sem deixar rastros. Mas essa força que pode ser tão admirável pode ser também bastante odiosa. Muitas pessoas, quando se percebem manipuladas por Marte em Escorpião, se ressentem e se voltam contra ele, que pode não se sair bem quando exposto. Destituídas da invisibilidade, suas motivações nem sempre são aceitáveis. Até para ir ao encontro do que seria a verdadeira força, o Marte no signo da fênix em algum momento da vida sofre uma grande derrota. É quando precisa se despir de suas motivações mesquinhas.

Para Escorpião, o poder advém do desejo. Porém, como a essência do desejo jaz escondida no fundo do inconsciente, nem sempre aquilo que se pensa querer está de acordo com o mistério de cada ser. Marte em Escorpião é forte quando sabe o que quer, mas até que atinja esse autoconhecimento pode operar contra a sua vontade. Paradoxo humano: Marte em Escorpião pode ser o mais autodestrutivo dos Martes. Isso acontece quando, em vez de ter domínio sobre si, ele espera controlar os outros; quando não tem coragem para enfrentar o transitório, pretendendo que certas conquistas sejam imutáveis; quando precisa de conflito para se sentir vivo, mas não sabe lidar com a dor; quando se considera invencível em sua astúcia e não reconhece o poder dos outros. Enquanto não lidar com seu próprio veneno, Marte em Escorpião não transforma as suas iniciativas em realizações. É assim que o feitiço vira contra o feiticeiro.

Ele conquista através de jogos mentais. Tem um tino especial para tocar na ferida, seja para matar, seja para curar. Mas a essência de seu poder é emocional e depende da mais fundamental autoconfiança: a de quem nada tem a perder. Enquanto temer a perda, está fadado a ela. Aos olhos dos outros, Marte em Escorpião pode parecer frio e cruel, e talvez seja. Mas em muitos casos o indivíduo pode estar apenas consciente de que para fazer o que é preciso, muitas vezes vai ter que desagradar bastante gente. Ele não é necessariamente mau, os outros é que são maniqueístas e relutantes em aceitar que a vida tem um lado ruim. Ainda assim, quando bem-intencionada, a pessoa costuma emanar uma forte energia amorosa e criativa, que jamais passa despercebida.

Na maioria das vezes há algo em Marte em Escorpião que suscita desconfiança. Ele incomoda e gera controvérsias, suas vitórias nunca são unanimidade, e parece que algo nele atrai inimigos naturalmente. Pode ser apenas inveja de quem não é tão capaz, mas é fato que nem todos estão preparados para lidar com o que desconhecem. Para Marte em Escorpião, o segredo é a sua arma. Isso quando ele não é escancaradamente destemperado e violento. Dependendo do restante do mapa astral, o indivíduo pode não conseguir conter a pressão de seu próprio estado vulcânico. Sexualmente, é propenso a manifestar algum traço de sadismo e em geral pouco se sabe sobre o que ele faz. Traição? Pelo menos em algum momento da vida. Marte em Escorpião se apaixona por quem consegue desarmá-lo, por quem não cai na sua armadilha. A pessoa que ele deseja ou é muito difícil ou é muito inocente: sem meios-termos, este é um Marte de extremos. Ele não move um dedo sem estar apaixonado. Mas para alguns o estado de paixão pode ser tão assustador que este Marte sabota seus próprios relacionamentos.

Marte em Escorpião precisa de uma boa dose de desapego para perseguir seus objetivos, senão fica obsessivo. Pode ser possessivo e ciumento, mesmo com seus bens e projetos. Competitivo, ambiciona dinheiro e status profissional. Mais que isso: quer exercer influência. Mas é quando vence seu próprio ego que Marte em Escorpião encontra sua força: a da regeneração. Para se transformar do camicase em herói é um salto em seu próprio abismo. É resultado de vencer os demônios interiores, que minam seu psiquismo e vigor físico e o tornam vampiro das energias alheias. É destruir seu próprio sistema autoimune. Marte em Escorpião precisa ser livre para experimentar seu próprio erotismo como um prazer que não fere.

## MARTE EM SAGITÁRIO

Em Sagitário, Marte fortalece sua motivação desbravadora. Ele é o impulso de abrir caminhos e ir mais além. É um aventureiro, um conquistador, alguém que tem uma meta em vista e a força necessária para buscá-la. Marte em Sagitário não precisa necessariamente lutar pelas coisas, embora às vezes também não possa se furtar à guerra, mas, em geral, acredita tanto no que deseja que acaba conseguindo seu objetivo de alguma maneira. O nome disso é paixão. Seu poder é magnético; ele atrai o que quer através do otimismo e por se considerar merecedor. Age imbuído de um sentido de missão. É o próprio centauro arqueiro, e o alvo nunca está perto nem é pequeno. Ao contrário, suas expectativas são imensas. O que ele quer? O impossível.

Marte em Sagitário nasceu para fazer descobertas. Tem uma compulsão à insatisfação que o impede de ficar parado, ele tem que estar sempre em uma jornada. Tanto fogo é combustível que precisa ser direcionado de maneira criativa, seja no esporte, em viagens, incursões intelectuais e, é claro, no sexo. A força de Marte em Sagitário é sobretudo mental, mas ele tem um enorme vigor físico. É entusiasmado pela natureza, o que é uma potência e tanto a seu favor — neste mundo de obstáculos, a alegria é uma aliada imprescindível para superá-los. As pessoas riem com seu bom humor e abrem as portas. Quando as coisas saem do jeito que ele espera, é afetuoso e encorajador. Mas quando seus desejos não são atendidos, se torna um cavalo chucro. E mesmo com toda crença de que tudo vai dar certo, Marte em Sagitário também precisa trabalhar com inteligência prática o seu idealismo progressista, caso contrário sempre vai ficar decepcionado com as pessoas e os resultados. Se não tiver um senso de realidade e responsabilidade com o que se propõe a fazer, vai estar constantemente em movimento, apontando para o futuro, e nunca realizado no presente.

A liberdade é seu modus operandi, e Marte em Sagitário desobedece às leis que não fazem sentido para ele, embora adore criar suas próprias regras. Quanto a estas, pode ser bem dogmático: quer que seja assim e pronto. Marte em Sagitário pode ter um sério problema de disciplina, a não ser que outros fatores do mapa estimulem a rotina de desenvolvimento das coisas. Ele precisa sentir vontade de fazer e depende do calor do momento, senão é capaz de deixar para depois ou até mesmo desistir, enquanto se dedica a outra atividade mais prazerosa. Aliás, ele pode ser bem imprudente e não medir as consequências dos seus atos e palavras. Marte em Sagitário é impaciente com detalhes e burocracias. Quer andar a galope, pensa que a experiência deve ser vivida intensamente e por isso pode consumir todo o fogo de uma só vez. Com a maturidade, pode ir aprendendo a trotar. A tendência é que vá se tornando cada vez mais obstinado, perdendo ansiedade e dispersão e adquirindo concentração. Afinal, este é sem dúvida um Marte decidido.

Mas, não importa o quanto amadureça, em essência Marte em Sagitário sempre vai ser um selvagem, pronto para se soltar de tudo que considere aprisionador sem olhar para trás, seja um trabalho, um relacionamento ou até mesmo um lar. No sexo é onde se sente mais à vontade para expressar suas emoções exaltadas, e nos seus movimentos frenéticos é capaz de alcançar êxtases dionisíacos. Praticante inveterado da masturbação, com os parceiros é um grande explorador de fantasias. É difícil reprimir um Marte em Sagitário, ele reage instintivamente e pode até se tornar abertamente violento em reprimenda a qualquer tentativa de coerção. Se alguém de Marte em Sagitário não estiver dando vazão à sua natureza indômita, pode ser um caso de depressão.

Em sua busca pela verdade, Marte em Sagitário pode ser bem arrogante e tem adiante o desafio da humildade. É comum que encontre situações que façam seu ego desinflar. Principalmente quando apaixonado de verdade, ele pode partir para a conquista confiante de que o troféu já é seu. Mas isso quando a pessoa é autoconfiante. De qualquer maneira, ele costuma ter sorte em suas conquistas, mas acontece de cismar com quem não lhe dá essa bola toda, e aí não descansa enquanto não dobra a pessoa. De galante, pode se transformar num monstro inconveniente. Marte em Sagitário pode ser um grande farrista e namorador em série; acima de tudo, é amante do sexo. Mas tem o desejo de um grande amor e, quando ele acontece, é como um raio brilhante e instantâneo que ilumina tudo. Aí ele é até capaz de se mobilizar todo pelo ser amado.

## MARTE EM CAPRICÓRNIO

Marte gosta de Capricórnio, se sente à vontade neste signo de perseverante ambição. Para Marte em Capricórnio, as conquistas vêm com o tempo, o que faz deste o mais paciente e determinado dos Martes. Sua paixão é pela ordem e pelo controle. É claro que nisso ele pode ser cabeça-dura demais para admitir que perdeu, mas quando está seguro do que quer e do trabalho necessário para realizar, seu lema é o "devagar se vai ao longe". Mais especificamente, ao alto da montanha: ao sucesso profissional ou ao coração do ser amado — e para sempre. As realizações de Marte em Capricórnio são permanentes. Mesmo que Capricórnio não seja regido por Marte, é possível que aqui o planeta da ação esteja até em mais vantagem do que em seus próprios signos: munido da responsabilidade, ele não cede aos impulsos primitivos, e com prudência não se arrisca sem estratégia.

O que não quer dizer que Marte em Capricórnio não tenha tesão, porque ele tem, sim, senhor — este falo pode ser duro como uma rocha. Tampouco quer dizer que não tenha coragem, porque almejar chegar ao mais alto que se pode — dentro sempre do que se propõe a fazer — não é para os fracos. Mas acontece de o indivíduo precisar amadurecer até descobrir seu potencial. Quando jovem, Marte em Capricórnio pode vislumbrar a escalada, mas ainda não ter os recursos para empreendê-la, e precisar desenvolver sua própria força até se posicionar bem perante o desafio. Sua autoconfiança vem da experiência, é nas tentativas e erros que ele se fortalece. Não que goste de errar, ele detesta e pode ser bem duro consigo mesmo. Mas ele se esforça para superar suas próprias limitações e aprende a lição como nenhum outro Marte. Enquanto os outros seguem batendo cabeça, Marte em Capricórnio a mantém fria e não abala sua dignidade. É pragmático: não deu certo de um jeito, faz de outro.

Marte em Capricórnio é um construtor por natureza, ele sabe que tudo começa com uma fundação sólida e depois cresce. É claro que na urgência pode perder para outros Martes, mas quem disse que ele está interessado em imediatismos? Seu jeito de operar é dedicado a tudo que se pretende sólido e estável. O nome disso é disciplina. Marte em Capricórnio gosta do trabalho e do desafio. Ele é incansável, raramente desiste ou se perde no meio do caminho. Já nasceu com autoridade e nem sempre reconhece a importância de se submeter até que a conquiste por mérito próprio. É nesse ponto que ele pode se tornar severamente agressivo: odeia acatar ordens, ainda mais quando se considera diminuído. Conflitos de autoridade são seu calcanhar de aquiles, assim como não ter domínio sobre alguém ou uma situação que considere muito importante. Sua energia é concentrada: é um general. Não há nada que lhe dê mais raiva do que não poder comandar. Ele é metódico, cheio de regras, fazer o quê? Melhor obedecê-lo, ele sabe o que faz. Ou não...

A ênfase nas questões materiais, como trabalho e dinheiro, pode distraí-lo dos sentimentos, a não ser que o indivíduo seja essencialmente mais sensível. Embora não seja dado a rompantes emocionais e tenda a expressar a zanga de forma fria e dura, pode acontecer de dar um piti em algum momento, depois de tanto se segurar. Em geral, ele mesmo se pune por isso. Imagine, agir de maneira tão imprópria! Marte em Capricórnio é cheio de códigos de conduta, e essa rigidez pode lhe custar caro. Ele também não gosta de expressar sua paixão por alguém logo de cara, sente que essa exposição o deixa vulnerável nas mãos do outro. É só quando vai confiando que vai soltando seus sentimentos. De qualquer maneira, Marte em Capricórnio precisa de autonomia, mesmo quando outros aspectos do mapa solicitam dependências.

Tendo tamanha potência sexual, ainda que sua atitude seja séria e responsável, na cama ele se revela um animal. Salve a natureza! Marte em Capricórnio aprecia as sensações do corpo e não é dado a experimentações fantasiosas. Mas o autocontrole é a fonte do seu poder. Ele é sempre silencioso em sua abordagem e sobre o que de fato deseja. E pode acontecer de ele não se soltar verdadeiramente enquanto não encontra o desejo de seu coração. Precisa ter certeza de que não será rejeitado para entrar de cabeça numa relação. É dominador e não vai ficar com quem não o deixe ser. Taí um Marte que não tem o menor talento para a submissão. Nem tente, ou o rejeitado será você.

## MARTE EM AQUÁRIO

A serviço de grandes ideias, Marte em Aquário é mobilizado pelo desejo de mudar o estado das coisas. Se não for por isso, nem se mexe, fica só elaborando mentalmente o futuro. Marte em Aquário é rebelde e por isso pode incomodar os outros, principalmente os acomodados. Mas é preciso esclarecer que nem todo indivíduo de Marte em Aquário é humanitário e está interessado em mudar o mundo; pode ser que ele não queira mais que desafiar o seu mundinho. Dentro da sua esfera de influência ele tem personalidade, um jeito original de se expressar. Sua mente é convicta, mas se é realmente inteligente depende de outros estímulos astrológicos e culturais. Pode até não ser um gênio, mas é certamente um fanático. O paradoxo de Marte em Aquário é que ele tem ideias fixas. Quer a mudança, mas é incapaz de relativizar um só detalhe do que pensa. Nisso ele pode ser bem irritante! Mas é de tanto insistir que em algum momento pode, quem sabe, promover a revolução que tanto pretende.

É preciso sempre considerar os ideais de Marte em Aquário como hipóteses, porque o que ele quer pode estar além do impossível — pode ser irreal. Mas este pode ser um Marte bem-vindo no mapa de alguém com aspectos mais pragmáticos, porque dota o indivíduo de uma atitude mais ousada, disposta a quebrar os esquemas rígidos em prol da renovação. Em outras palavras, Marte em Aquário é a ruptura com as convenções. Pode até mesmo ser chocante. Mas é claro que isso é mais admirável que fácil de viver, e pode se tratar de um conflito íntimo. Em muitos casos, ele é mais discurso que atitude, e na prática a pessoa não faz tudo o que apregoa. Pode ser um intelectual, um orador que fique no plano da teoria, um guerreiro da ciência e da tecnologia. Ou até um teórico da conspiração das redes sociais, enquanto leva uma vida ordinária fazendo o seu trabalho igual a todo mundo. Mas é inegável que, mesmo que ele não faça o que propõe, consegue abrir a cabeça de outras pessoas para que desenvolvam o processo. Marte em Aquário tem o valor indiscutível de contestador do senso comum.

Sendo de um signo amante da liberdade, ele é independente, mesmo que esteja sempre envolvido com grupos de amigos, o trabalho ou as causas coletivas. Ainda assim, ele se destaca pelo modo diferente de fazer as coisas. Nunca está em conformidade com o todo, sempre há algo nele que destoa. Mas isso não o separa dos demais, ao contrário, ele é aquela peça meio desencaixada que funciona como um estímulo criativo. Porque ele debate, provoca e inquieta é que todo mundo reage e sai do esquema-padrão. Tem o espírito colaborativo, mas engana-se quem pensa que ele não tem nenhum traço competitivo. Isso fica evidente quando briga pelo que acredita — cega ou visionariamente? Marte em Aquário tem sempre que ter razão; afinal, ninguém é páreo para seu poder mental.

Ansioso, quer antecipar o tempo das coisas, e é assim que muitas vezes se sabota. Nos relacionamentos ele tem a mesma urgência, não sabe lidar com o tempo do outro e pode ultrapassar limites que deveriam ser respeitados. Em toda a sua expectativa de liberdade, Marte em Aquário pode ser meio sem noção. Mas em sua vontade de ser honesto ele costuma ser exatamente como se apresenta, a não ser que outros fatores do mapa incitem mistérios — mas Aquário não é um signo que consiga guardar segredos, ele acaba se revelando e nem é preciso esperar muito para isso. Com Marte em Aquário tudo é rápido: na mesma velocidade em que começa, acaba. Efeito colateral da sua forte eletricidade.

Em seu radicalismo e excentricidade, pode esconder uma grande insegurança para lidar com os outros, pois sente como se estivesse sempre agindo de maneira inadequada. Seu vigor não é físico — há exceções —, é mental, e por isso seu interesse sexual depende de outros fatores no mapa. É capaz de ter desejos pervertidos e na prática ser quase um celibatário, se não se sentir confortável para estar com alguém. Mas há Marte em Aquário que adora experimentar e para quem, no sexo, nada que esteja no cardápio tradicional serve.

## MARTE EM PEIXES

A força da emoção é de Marte em Peixes. Não que este seja um Marte sentimental, embora possa ser em alguns momentos; Marte em Peixes é emocional mesmo. É a força da água: ela pode ser um filete ou um tsunami, pode pingar até furar, inundar, envolver ou simplesmente contornar o obstáculo até traçar um novo caminho para escoar. Cada uma dessas atitudes depende do humor, da situação, depende de muitas variáveis. Marte em Peixes pode inclusive ser bastante afetado pelo astral do céu, do ambiente, dos outros. Sente como se a realidade fosse escorregadia: é sonho ou é de verdade? Mas quando compreende bem sua própria sensibilidade e não se mistura com as frequências exteriores, pode tomar atitudes intuitivas. E não seria esta a melhor maneira de agir? Ouvir a própria psique, independente das aparências exteriores?

É, mas na prática essa sintonia é difícil de alcançar, e muitas vezes Marte em Peixes não sabe o que quer. Ele sente demais e pode ter um problema de foco. "Tudo pode acontecer" é um pouco ilimitado demais... Daí ele pode incorrer nos extremos da fuga e da omissão ou da histeria. Em tese, Marte em Peixes é um ótimo nadador, mas precisa aprender a navegar na própria interioridade. Em primeiro lugar são os sentimentos que precisam fluir, depois ele pode realizar todo o resto. A grande luta é contra seus próprios fantasmas. Ele teme magoar os outros, ficar sozinho. Tem tanto medo que muitas vezes faz coisas contra a própria vontade só para não ter que lidar com ela. A falta de controle é seu pavor absoluto. A raiva que resulta disso fica guardada até sair numa torrente. Sua busca é por expressar sua vontade com força e discernimento enquanto mantém a serenidade. Se a água não tem forma e se molda segundo a necessidade, para que lutar contra isso?

Marte é o planeta do desafio e do combate, e por isso um tanto egocêntrico; o desejo de Peixes pela fusão com algo maior pode parecer sem sentido. Mas não é. Marte em Peixes não tem nada de fraco. Seu poder é penetrante e preenche lacunas. Tendo clareza do que quer, desenvolve a confiança de que vai conquistar. Assim ele também consegue alinhar a própria energia com a dos outros para realizar suas intenções. Precisa sentir que sabe o que deve fazer e para onde se movimentar, senão fica perdido, tentando obter essa segurança de outras fontes que jamais serão confiáveis o suficiente. Isso pode parecer um tanto mediúnico, e em muitos casos é. Mas é preciso compreender que há formas de ligações espirituais muito sutis, e nem todo Marte em Peixes é pai de santo.

Este é um Marte artístico, embora nem todo indivíduo de Marte em Peixes trabalhe com arte. Qualquer que seja a sua forma de atuação, só se satisfaz quando beneficia outras pessoas, nem que seja por inspirá-las. Não é exatamente um líder — em um cardume, qual o peixe que comanda? —, mas pode ser como um maestro regendo uma orquestra. Marte em Peixes se sente chamado a ajudar os outros, tem especial empatia por quem sofre. Talvez seja porque ele mesmo se sinta um pouco vítima. De quê? Ah, é um sentimento difuso, como se não fosse firme, como se a qualquer momento pudesse ser sacrificado. Ele sente que tem uma missão. Qual? Depende do mapa astral em questão. Em que sentido ele vai? Vai por escolha própria ou é marionete do destino? Por mais que queira alguma coisa, no fundo ele nunca pode dizer se o que quer é seu ou é uma participação mística. Mistérios que muitas vezes podem ser insolúveis para o indivíduo de Marte em Peixes. Ele simplesmente se deixa levar...

Como a pressão emocional sobre ele pode ser grande, tende a ter pouca vitalidade, baixa resistência física. Algo que pode ser resolvido com imersões aquáticas frequentes e exercício criativo. Soltar a imaginação é sempre revigorante. Nos relacionamentos, sua abordagem é romântica e gentil. Marte em Peixes pode buscar um grande amor, mas também pode ser um dom-juan. É sempre muito sedutor, gosta de criar um clima encantador e é sexualmente devoto ao prazer do parceiro. Marte em Peixes anseia por um encontro erótico transcendente que lhe apresente a magia da vida. Mesmo que por dentro esteja em ebulição, sua energia tem efeito relaxante sobre os outros. É assim que os atrai para sua rede.

# Lilith

## A LIBIDO

Quem é essa mulher? Ela é pouco conhecida na nossa mitologia porque foi excluída da Gênesis bíblica. Mas ainda está no Talmude e no Zohar judaicos como a primeira mulher de Adão, aquela que foi feita do mesmo barro e do mesmo sopro de vida e que fugiu do paraíso por não se submeter à sua dominação. Diz o relato que Lilith queria o direito de também ficar por cima durante a relação sexual. Diante da recusa de Adão, ela preferiu fugir sozinha para uma caverna no mar Vermelho, onde pôde gozar de sua liberdade como bem quisesse. Lilith teria sido a primeira feminista?

É possível, mas sua origem é mais antiga que a Bíblia; remonta ao início do patriarcado no território sumério, no mesmo Oriente Médio onde nasceu a astrologia. Em algum momento, cerca de 4 mil anos antes de Cristo, o homem descobriu o poder fecundador de seu falo e o controle da agricultura. A partir disso a relação entre os princípios masculino e feminino se transformou em uma luta de poder entre dominador e dominado. Lilith teria surgido aí na forma de um demônio que assustava os homens durante o sono, provocando as poluções noturnas, para lembrá-los de sua impotência sem a mulher. Ela é o símbolo da dor do feminino reprimido, da perda da qualidade da intuição sofrida pela sensibilidade humana.

Estudiosos afirmam haver uma relação entre a Lilith excluída do paraíso e a serpente que tentou Eva a comer o fruto proibido. Nesse sentido, ela teria sido o mesmo princípio de desobediência à lei do Pai — Deus —, que é também criativo por promover uma nova ordem, na qual o desejo tem um papel fundamental. Mas não é confortável deixar um lugar de proteção em que suas necessidades estão todas supostamente satisfeitas. Se a Lilith-serpente se insubordina é porque não se considera saciada e reivindica seu próprio poder criador. Mas isso não é possível de ser realizado sem dor, um efeito colateral de sua fuga ou expulsão: o exílio.

Na astrologia, Lilith corresponde à Lua Negra, que não é um corpo celeste, mas um ponto astronômico calculado a partir da órbita da Lua ao redor da Terra. A órbita elíptica da Lua ao redor da Terra possui dois pontos focais, e o que fica vazio é a Lua Negra.

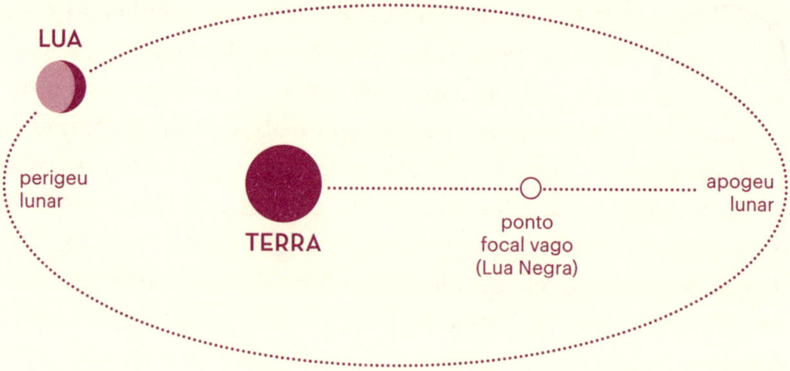


Se a Lua é o astro das emoções, esse ponto chamado Lilith não existe a não ser como sombra. Simboliza a força oculta que dá origem à vida. A Lua não é a mãe? Mas antes de se tornar mãe ela foi uma mulher experimentando seu desejo. A Lilith astrológica é a libido, força criativa e destrutiva que mobiliza as energias que geram e transformam tudo neste mundo.

A Lilith astrológica não é um atributo exclusivamente feminino. Homens também têm Lilith e libido. A Lua Negra se expressa no mapa astral como a qualidade daquilo que mais se deseja e por isso mais se teme. É um ponto de dor e desamparo: a ferida da rejeição. Mas como a Lilith mítica, esse é o ponto onde todo ser humano se recusa a se submeter e prefere trilhar um caminho próprio. É onde as pessoas defendem seu desejo como legítimo. É muito difícil lidar com isso, porque sempre envolve a possibilidade de ruptura e isolamento. É por isso que esta é uma força incontrolável e agressiva: diante da negação, responde com autonomia e violência.

No mapa astral, a Lua Negra assume a dupla faceta da rebeldia e da repressão, da insubmissão e do ressentimento. Que estranha força é essa que põe a roda da vida para girar conforme instiga desejos profundos e desconhecidos desde o inconsciente? Lilith é muito difícil de apreender, daí ela ser tão reprimida no coletivo e dentro de cada um. Mas é preciso reconhecer o que mexe com a nossa libido para que possamos exercer a criatividade conscientes do que estamos fazendo. Mesmo quando isso significa separar e destruir.

Lilith no mapa é sempre o ponto onde a pessoa vai dizer não à ordem vigente e trilhar um caminho próprio, a não ser que se torne recalcada e invejosa. É também um jeito de se expressar que pode atrair a inveja alheia. Lilith é sempre uma raiva, até que se transforme em amor. Mas isso depende de autoconhecimento e aceitação daquilo que ninguém pode mudar em si mesmo. Lilith é sempre competitiva, sempre questionadora, sempre perigosa. Lilith é puro instinto. É o que sentimos como mais visceral. É o grito de liberdade da alma.

Nem todos os astrólogos trabalham com Lilith — ela é um dos pontos extras que fica a critério do profissional incluir em sua análise ou não. E nem todos os sites de astrologia que oferecem o cálculo do mapa astral disponibilizam Lilith em seus serviços. É por isso que trago no Apêndice deste livro a efeméride de Lilith, ou seja, a tabela de onde ela se encontrava na ocasião de seu nascimento.

É preciso acolher sua própria Lilith e a do parceiro com carinho. Mesmo quando ela não quer carinho. Não há meio de prender Lilith. Ela é o animal selvagem dentro de nós. É a nossa potência.

## LILITH EM ÁRIES

Esta é uma força tão competitiva que pode ser (auto)destrutiva em sua ânsia de prevalecer. Para Lilith em Áries, ganhar é uma necessidade tão visceral que ela precisa perder para não ser dominada por sua própria agressividade. Quando não consegue expressar abertamente e com autoconfiança a sua vontade de potência, ela reprime seus impulsos. Nessa falta de atitude, a tensão acumulada pode explodir ou implodir. Assim, o indivíduo de Lilith em Áries é que pode acabar submetido, quando tudo o que queria era estar no comando. Lilith em Áries é um desafio à autoridade dos outros. Se for a Lilith de uma mulher, pretende ser dominadora e, se não conseguir, pode se tornar uma submissa ressentida. Se for a Lilith de um homem, pode ter problemas com mulheres fortes, ficando à mercê de uma ou negando-lhes seus direitos.

Seja homem ou mulher, a Lilith em Áries pode invejar a potência alheia. Lilith em Áries é raivosa e precisa aprender a lidar com essa energia criativamente, e não apenas para demonstrações de poder. Esse é um posicionamento perigoso para manifestar ou atrair violência física. Lilith em Áries se sente mais confortável quando consegue expressar sua sexualidade viril. Mesmo sendo a Lilith de uma mulher, é como se ela não fosse castrada. Ela gosta de estar por cima e de conduzir o ato como quiser. Mas nem por isso é uma mulher masculinizada. Lilith em Áries precisa de um relacionamento apaixonado e dinâmico no qual se sinta exaltada em sua fúria.

Ela tem uma séria questão com o livre-arbítrio, tanto o próprio como o dos parceiros. Ela tem arbítrio demais; o paradoxo é que, quanto mais ela pode, menos sabe escolher, a não ser que aprenda com os golpes recebidos na vida. Ela precisa de coragem para enfrentar o mundo com autonomia. Não suporta dependência, mas também não está interessada em ficar sozinha. Afinal, o amor é a maior das conquistas! E Lilith em Áries também quer ser amada. Quando está de posse de si mesma, ela atrai parceiros impetuosos e decididos que estimulam suas lutas. Deseja alguém tão forte quanto ela! E fica bem em um relacionamento quando as suas vontades são respeitadas e as decisões do casal são tomadas em conjunto. A harmonização de sua insubordinação acontece quando consegue colaborar e se manter independente.

## LILITH EM TOURO

O desejo pelo prazer do corpo de Lilith em Touro é tão visceral que ela pode se manter intocável pelo medo do vício. É extremamente sensual e perde a potência na negação de sua sensorialidade. Qualquer forma de dependência é um problema para

Lilith, e quando ela se encontra em Touro a questão é a segurança material. Ela gosta de dinheiro e posses, é como se precisasse "ter" para obter prazer. O meio adequado para que conquiste os bens que lhe proporcionariam a tão desejada autonomia é o trabalho, e Lilith em Touro pode ser de uma força produtiva impressionante. Mas seu temor da perda é tão grande que, receosa de fracassar e se tornar ainda mais carente, pode ficar preguiçosa e boicotar sua própria realização. Nesses casos, a tendência é que projete seu anseio em um parceiro provedor, do qual acaba se tornando... dependente.

Mas Lilith em Touro não se sente confortável nessa posição, e daí pode eclodir sua revolta. O mesmo acontece quando a independência financeira conquistada por mérito próprio é ameaçada pelas condições econômicas vigentes ou pela má administração dos seus recursos. Ou ainda quando seu trabalho não é valorizado segundo suas expectativas. É assim que Lilith em Touro pira. Mas, por maior que seja seu anseio por assegurar-se contra a falta, ela não é dada a investimentos ousados. Lilith em Touro não corre riscos nem mesmo por amor. Se o outro não se aproximar já bancando a relação, ela se retrai ressentida, até que adquira confiança para se envolver. Mas pode ser ela a se defender do envolvimento por reconhecer o quanto o seu apego pode se tornar uma prisão. Lilith é sempre uma insubordinação.

Os extremos da atração por parceiros possessivos ou que não lhe deem o devido valor desgastam o indivíduo até que ele integre sua própria Lilith em Touro e resolva seu problema de autoestima. É a própria pessoa quem tem que se dar o devido valor, e não estabelecer uma dinâmica afetiva de submissão ou ciúme; é ela quem precisa confiar na sua capacidade de gerar seu sustento, e não demandar nem competir com um parceiro que seja mais empreendedor. Essa insegurança pode levá-la a invejar qualquer pessoa mais abastada. Quando reconhece seu desejo, Lilith em Touro se envolve com parceiros generosos, mas quando sua autoestima está abalada, pode atrair pessoas avarentas. Lilith em Touro precisa de relacionamentos confiáveis e estáveis. É assim que ela se sente confortável para se entregar de corpo e alma em sua expressão sexual tão afetuosa e gostosa.

## LILITH EM GÊMEOS

A dualidade própria do ser humano, eternamente dividido entre o bem e o mal, pode adquirir contornos compulsivos com Lilith em Gêmeos. Não é que a pessoa vá ser má com os outros só por causa desta Lilith, mas ela pode estar constantemente entre duas opções, uma mais favorável e outra menos, como se atormentada por um anjinho e um diabinho. Lilith em Gêmeos pode ter um problema patológico de fazer escolhas. Ela pode até pensar que tomou uma decisão, mas logo se descobre com enorme dificuldade de perseverar porque não para de questionar se fez a melhor escolha e se ela vai dar certo. Essa é a consequência direta de desejar ter tudo ao mesmo tempo. A grande dor de Lilith em Gêmeos é a sua obsessão mental.

Ela pode reprimir suas verdadeiras opiniões pelo medo dos seus efeitos ou, ao contrário, soltar o verbo sem o menor pudor. Lilith em Gêmeos pode ter uma língua venenosa. Às vezes a pessoa nem sabe por que está agindo assim, se nem quer machucar o outro, mas pode ser mais forte do que ela, até que integre sua Lilith e compreenda que a falta de autoconfiança em sua capacidade intelectual se manifesta como reatividade à inteligência alheia. Lilith em Gêmeos se recusa a se submeter a qualquer opinião dominante que não seja a própria e por isso está sempre contestando, o que pode prejudicar sua comunicação em geral. Em muitos casos ela pode não conseguir aprender um tema específico. Sua questão é debater para promover entendimentos e obter dessas ideias os seus recursos criativos.

A pessoa pode acabar afastando as pessoas que mais quer perto, até mesmo um parceiro com quem não consiga dialogar e a quem deseja justamente pelo modo diferente de pensar, por admirar aquele ponto de vista. Quando está de bem com sua libido, Lilith em Gêmeos se atrai por parceiros ágeis e flexíveis, mas quando se sente mal-amada, fica com quem é instável e desprestigia tudo o que ela diz. No seu desejo de ser admirada pelo que pensa, pode acabar não ouvindo ninguém. Ela precisa estar segura de suas próprias ideias; é daí que advém sua potência. Precisa estar à vontade para se expressar em seu cenário cultural e não invejar quem o faz com sucesso. Mas também precisa ficar mais ligada nas mentiras que conta, muitas vezes meio sem querer, outras porque quer mesmo enganar — às vezes a si mesma. Sua mente dá voltas e pode não sair do lugar, a não ser que expanda suas perspectivas. É pela sua múltipla capacidade de adaptação e poder de comunicação que Lilith em Gêmeos é tão interessante, articulada e sedutora.

## LILITH EM CÂNCER

A dor de Lilith em Câncer é por ter sentimentos. Sua extrema sensibilidade a fere porque a torna vulnerável, daí ela precisa de alguém que a proteja. Se Lilith é sempre um grito de independência, Lilith em Câncer tem um problema sério porque deseja depender de alguém que cuide dela como uma mãe, mesmo que seja um parceiro homem. Ou mais: Lilith em Câncer deseja tanto ser mãe (ou pai, vale para ambos os sexos) que chega a negar esse instinto pelo temor de criar um vínculo tão profundo que ela não possa escapar jamais dele. Quando isso é inconsciente, a pessoa pode tentar ter filhos de todas as maneiras e não conseguir, seja porque desenvolve algum problema de saúde relativo a isso, seja porque seus relacionamentos nunca chegam a esse ponto. Outra maneira de reprimir o instinto maternal é se comportando como uma eterna filhinha, carente e incapaz de cuidar do outro. A reatividade à dependência afetiva é deixar o parceiro emocionalmente desamparado.

Lilith em Câncer pode ter problemas emocionais que remontam à sua família de origem. Talvez sua família nem seja mais complicada que o normal, talvez enfrentasse mesmo alguns problemas por ocasião do nascimento do indivíduo, talvez a relação dos pais não fosse legal: a questão é que para a pessoa pode haver ressentimento por alguma rejeição ou abandono. Em alguns casos, é por ter sido superprotegida que se sente castrada para crescer e desenvolver sua própria fertilidade sexual e criativa. Então Lilith em Câncer pode buscar construir um lar mais de acordo com suas necessidades ou fugir de qualquer compromisso que se pretenda tão definitivo e pareça uma prisão. Ela precisa integrar seu desejo de intimidade, porque essa é a sua potência, senão está sujeita a invejar todos os que têm um lar para chamar de seu. Precisa reconhecer sua própria delicadeza para não responder com agressividade a qualquer tentativa de aproximação. Pode ser exteriormente dura, mas por dentro é toda molinha. Sua libido se desenvolve com muito mais força quando seduz pela doçura.

Mas, por mais que se abra para o amor, Lilith em Câncer jamais aceita ser dominada afetivamente pelo parceiro, porque isso não seria amor. Ela precisa de uma relação confortável, que dê colo mas não sufoque. Tal qual uma criança, precisa de estímulo ao seu crescimento, até que desenvolva sua própria força, que é doadora. Lilith em Câncer deve se tornar uma matriarca (ou superpai) ou terá que lidar sempre com a sombra de sua infantilidade. Mesmo sendo a Lilith de um homem, em Câncer ela tem o apelo sexual feminino da intuição e da necessidade de segurança. Quando reconhece de onde provém sua força, ela se envolve com parceiros acolhedores. Quando não, pode atrair pessoas insensíveis e ausentes. Lilith em Câncer precisa de suporte emocional para que sua imaginação frutifique em criatividade.

## LILITH EM LEÃO

Lilith em Leão não nasceu para ser Lua Negra, mas para ser Sol. Seu desejo de brilhar é tão intenso que ela pode negar suas próprias sombras. E como não há processo de individualização que se conclua sem a descida ao inconsciente, o indivíduo de Lilith em Leão pode nunca ser ele mesmo se não reconhecer seus bloqueios, sendo no máximo um personagem de si próprio, tendo que conviver com a sensação de ser uma farsa. Leão é o signo da criatividade, e esta Lilith precisa criar algo próprio, caso contrário pode terminar com uma frustração difícil de suportar. É possível que a pessoa tenha que relativizar suas expectativas de sucesso; os holofotes nem sempre são para todos. Ela precisa entender qual é o seu palco e dar seu show sem ressentimentos por não ser a maior das estrelas. Quando assume sua potência geradora, pode ser muito bem-sucedida, mas sempre tem que prestar atenção para não invejar qualquer outro que tenha um carisma diferente do seu e por isso pareça melhor. No fundo, sua questão é de autoestima. Lilith em Leão pode conviver com essa sensação de desamparo pelo seu brilho pessoal não ter sido estimulado desde a infância.

Presença centralizadora, Lilith em Leão é rainha, mas se é generosa depende da autoconfiança. Ela pode ser despótica. Sua insubordinação se manifesta quando sente seu comando ameaçado. Sua reatividade às imposições do outro é sempre grave e ameaçadora. Lilith em Leão pode ter enorme dificuldade de lidar com a vontade do parceiro simplesmente porque ela não é sua e isso lhe parece falta de liberdade. Lilith em Leão é extremamente teimosa e pode provocar conflitos de relacionamento difíceis de contornar. Ela se fecha em si mesma e deixa o outro inseguro; daí a relação fica ainda pior, porque ela não suporta a fragilidade alheia. Para ser seu parceiro, a pessoa tem que ser forte e corajosa. Mas seu autoritarismo frequentemente acaba agredindo tanto que o outro fica covarde para enfrentá-la ou reage com raiva. E ela também não admite submissos nem ser tratada com agressividade. Lilith em Leão só respeita quem a respeita.

O amor para Lilith em Leão é o da admiração mútua. Mesmo que discorde do outro, ela vai amar e construir uma relação apaixonada se essa pessoa tiver um jeitinho para seduzi-la. Quer ser conquistada e se manter independente. Para sua sexualidade vigorar, precisa ser o centro das atenções do parceiro. Mas é por ser tão paradoxalmente dependente de atenção que ela se prejudica no seu desenvolvimento pessoal e criativo. Enquanto espera obter aprovação pelo que faz, pode ficar muito magoada com as críticas e perder bastante energia se desacreditando, quando faria melhor em investir na criação de algo significativo até conseguir. Lilith em Leão precisa fortalecer sua própria vontade sem ofuscar ninguém. Ela precisa se sentir especial sem desmerecer os outros.

## LILITH EM VIRGEM

Esta é potencialmente a mais submissa das Liliths. Sua libido se manifesta no desejo de se oferecer — mas não para qualquer pessoa, situação ou causa. Lilith é sempre uma insubordinação em qualquer signo, mas em Virgem ela reconhece a importância de estar a serviço do que deseja, até para que este se realize. Ou não: ela também pode negar o desejo. Esta também é potencialmente a mais reprimida das Liliths, isso porque Virgem é um signo com tendências puritanas devido à dificuldade de experimentar o sagrado no profano. Virgem seria menos neurótico se aceitasse sua sexualidade com mais pureza, o que não significa reprimir o "sujo", mas considerar o instinto do corpo como uma verdade irreprimível. Lilith em Virgem vive na carne a divisão entre a santa e a puta — o que no Sol, na Lua e na Vênus virginiana era um conflito natural, aqui pode se tornar patológico. A não ser que a pessoa se assuma em sua natureza. Na Lilith em Virgem há uma identificação muito profunda com a deusa Ártemis, conhecida pelos romanos como Diana. A deusa da caça protegia os animais, mas era... virgem. Ou seja, invulnerável aos apelos sexuais, encontrando seu gozo na floresta sem depender de ninguém.

Mas onde entra a submissão nisso? O aspecto Ártemis é Lilith em Virgem em sua selvageria. Civilizada, ela se doa quando quer, e isso geralmente acontece quando seu valor é mais do que reconhecido, é venerado. Enquanto Lilith em Virgem não é integrada, a pessoa atrai parceiros que a desvalorizam; em muitos casos pode até ser humilhada. A falta de compreensão sobre a necessidade de ser dona de si pode levar Lilith em Virgem a situações abusivas. Isso acontece muito no trabalho, por exemplo. Ela é trabalhadora e esforçada, mas tem uma tendência crítica compulsiva que prejudica a confiança no que produz. Disso pode resultar a tão temida servidão. Seu perfeccionismo pode chegar a uma paralisação absoluta e ela não ser mais que uma prestadora de serviços, nunca assumindo sua potência criativa quando é essencialmente fértil. A consequente mágoa de não ser respeitada pela sua competência pode às vezes se manifestar como depressão, às vezes se disfarçar de humildade. Ambos os sintomas escondem uma profunda raiva.

Lilith em Virgem é metódica e funciona na base da rotina; a desorganização é reflexo de sua falta de autoestima. Aliás, esta Lilith pode ser obcecada por limpeza e arrumação, ou encardida e mal-ajambrada, também dois extremos que fogem à sua essência: a simplicidade. É espontaneamente modesta e atrai parceiros íntimos e profissionais que admiram sua naturalidade e praticidade. Lilith em Virgem precisa de tranquilidade para lidar com o dia a dia das relações e do trabalho, senão a burocracia e a banalização enfraquecem sua potência. Ela é reativa às imposições da organização dos outros, ao mau aproveitamento do tempo e ao estresse do excesso de atividades. Lilith em Virgem pode ser hipocondríaca ou desleixada quando precisa de saúde e bem-estar para produzir com toda a eficiência de que é capaz. Quando recebe — e aceita — um elogio, é porque está confortável com o que é e o que faz.

## LILITH EM LIBRA

O casamento é um dos valores sociais mais tradicionais, e isso é justamente o que Lilith em Libra pode negar. Será porque não o deseja ou porque o teme? A dualidade quanto à experiência conjugal é uma marca desta Lilith, que não raro se transforma na esposa obcecada ou na amante profissional. Isso vale mesmo sendo a Lilith de um homem, que pode se comportar dessa maneira ou se atrair por quem cumpra o papel. Estes são os extremos dessa natureza, que essencialmente não se permite subjugar pela instituição e pretende subverter o compromisso em uma parceria verdadeira. Por que as pessoas se unem? Lilith em Libra não deseja o casamento como convenção, busca uma aliança no que esta pode ter de mais legítimo. Libra é um signo que tem o amor como ideal, mas há muitos outros motivos pelos quais as pessoas ficam juntas. Aqui, a Lilith tem seus interesses particulares para estar junto de alguém, sim. Se Libra é um signo que muitas vezes se anula para não desagradar o outro, Lilith em Libra não se desrespeita por ninguém. Ou pelo menos não deveria.

Mas pode ser que Lilith em Libra passe pela submissão até que se fortaleça. A princípio ela pode fugir, ainda que inconscientemente, dos relacionamentos pelas suas próprias repressões afetivas que bloqueiam sua confiança. Pode temer se perder na influência exercida pelo outro, e por isso contestar suas vontades. Em geral, ela passa por alguma experiência de abandono traumática e a partir disso desenvolve uma resistência em se envolver. Ou se vitimiza, praticamente implorando para alguém a assumir. Ou ainda pode ser ela a romper. Mas mesmo se relacionando, Lilith em Libra precisa ficar atenta às indecisões, porque este costuma ser um dos seus maiores riscos de separação. Ela também não pode se fechar na relação e negar a vida social, já que o contato com os outros é um prazer para ela. Quando reconhece o seu valor, Lilith em Libra estabelece relações delicadas e harmoniosas, com autonomia para os envolvidos. Quando sua autoestima está em baixa, ela se atrai por parceiros agressivos, dominadores e dependentes.

Mas não é um papel assinado em cartório que pode controlá-la. Ela pode inclusive ter problemas com a Justiça em outras instâncias por conta dessa insubordinação. Acima de tudo, o seu desejo é pelo belo, e ela vai buscar sua expressão no amor e no trabalho. Lilith em Libra é uma esteta. Sua libido é a força inteligente que cria um mundo de afeto e beleza. Quando está em equilíbrio, ela não precisa ser agressiva para se fazer valer; caso contrário, pode ter inveja de quem é bonito e se relaciona bem, principalmente de quem tem o tipo de relação que ela tanto gostaria de ter. Recusar-se a expressar sua vontade não é a resposta para o dilema das diferenças entre as pessoas. A sua violência pode ser doce. Lilith em Libra é pura sedução. A capacidade de compreender o outro e de chegar a um ponto em comum é a sua arte.

## LILITH EM ESCORPIÃO

Em Escorpião, Lilith está em casa, por tudo o que o signo representa de mistério, sexualidade e morte: a própria libido. Mas principalmente pelo que o signo representa de tabu. Escorpião é o desejo e o medo, assim como Lilith. Daí a sua qualidade proibida pela psique coletiva, porque ela representa tudo o que foge ao controle. O que acontece é que para Lilith em Escorpião a coisa pode adquirir uma qualidade compulsiva. O desejo sexual pode ser tão intenso que se torne perverso ou absolutamente reprimido. A necessidade de intimidade pode ser tão visceral que seja negada pelo temor de uma dependência emocional igualmente profunda. A possibilidade de perder o outro é tão insuportável que talvez ela opte por abandonar antes que isso aconteça. Repare que aqui tudo está sendo descrito com intensidade. A paixão é a força de Lilith em Escorpião, mas não raro se constitui na sua maior fraqueza e, em vez de criar, ela pode destruir.

Lilith em Escorpião tem o propósito de transformar a si e aos outros com sua sexualidade, o que sempre implica algumas rupturas, afinal ela tem uma feitiçaria própria. Mas isso pode ser tão inconsciente que a pessoa não se permita desfrutar e fique só com a dor. Ela precisa respeitar a impermanência para acolher o prazer e o amor. No extremo negativo, ela pode ser puro rancor, dada a chantagens e explosões emocionais. No mínimo, pode competir pelo controle da relação, manifestando possessividade e ciúme, por vezes doentio. Ou pode ser dominada pelo parceiro. Lilith em Escorpião está sempre lidando com o fantasma da traição, seja porque traia ou seja traída. É a serpente do paraíso. Enquanto não compreende que é ela quem precisa se sentir livre para experimentar sua sexualidade sem ser julgada ou controlada por isso, não consegue se envolver com a entrega que tanto deseja. E daí se ela quiser ser puta? Ainda assim se apaixona. O relacionamento para Lilith em Escorpião nunca é uma simples diversão, é sempre um mergulho nas entranhas. Mas é justamente essa dificuldade de ser leve que a torna presa de suas próprias intenções.

Ela também tem paixão pelo poder mundano, como dinheiro e status. Mas o que ela pretende é sobretudo exercer alguma espécie de influência sobre os outros. Quando não reconhece isso, pode sabotar seu próprio desenvolvimento e projetar a culpa em alguém ou em algum infortúnio, do que provavelmente vai tentar se vingar. Lilith em Escorpião pode ter inveja do sucesso dos outros, e seu ressentimento pode vir na forma de manipulações e sabotagens. Mas mesmo que o mundo não lhe dê o devido valor, é ela quem precisa se dar o direito de realizar o que pretende com sua força intuitiva e penetrante. Sua sexualidade está relacionada à forma misteriosa de seduzir. Mais do que ser grande no âmbito material, Lilith em Escorpião é o poder da alma. Nem que para isso precise morrer para renascer.

## LILITH EM SAGITÁRIO

A liberdade de expressão é uma necessidade visceral de Lilith em Sagitário, tanto no território sexual como no intelectual. Instintiva no nível da selvageria nua e crua, Lilith em Sagitário precisa soltar as amarras sexuais que remontam às influências religiosas herdadas da família e da cultura. Pode ser controlada pelos dogmas que fazem sua cabeça, mas será que fazem mesmo? Em essência, Lilith em Sagitário precisa é de uma bela cavalgada, e não de moral. Não que ela não seja religiosa, mas sua religação precisa ser natural e cósmica para fazer mais sentido, não simples regras de certo e errado, pode ou não pode. A conexão com o divino precisa realmente tocar sua alma. Caso contrário, ela fica desconfortável e desagradável, quando tudo o que deseja é ser livre para pensar do seu jeito e fazer o que quiser.

Lilith em Sagitário é a força da inteligência, mas não é só por ter esta Lilith que o indivíduo é um gênio. Longe disso! Por mais que tenha uma sabedoria natural, ainda assim precisa se dedicar ao estudo e ao desenvolvimento das próprias ideias. Lilith em Sagitário pode ter medo de suas próprias opiniões e por isso acabar aceitando o que dizem os outros, pode temer seguir seu próprio caminho e nunca se tornar mestre, mas ser uma eterna discípula. Ela pode sofrer com a repressão mental e compensar sua própria dificuldade com a contestação agressiva da influência intelectual que os outros exercem sobre ela. Como resultado, pode ser intolerante e inflexível. Mas se em vez de impor ela busca ensinar o que sabe, vai compreender como o conhecimento é dinâmico e nunca conclusivo. É nessa abertura ao diálogo com o outro que Lilith em Sagitário desenvolve sua autoconfiança e vibra com o desejo de aprender cada vez mais. É essa a força do seu espírito indomável.

Quando está bem em seu lugar de buscadora e desbravadora, atrai parceiros cultos e entusiasmados que ficam felizes em viajar com ela. Quando não reconhece seu próprio valor, se estranha com pessoas arrogantes, desinteressadas e que competem com ela por quem sabe mais. Lilith em Sagitário precisa sonhar um futuro grandioso. Se o outro não admira sua visão profética e não compartilha do desejo de um projeto de vida expansivo em comum, não pode dar certo. Ela tem que entender que não pode forçar ninguém a enxergar tão longe quanto ela, porque este é justamente o seu recurso de sedução: ou sabe despertar esse desejo no outro, ou está perdida de si mesma. Ela pode ter muita inveja de quem é reconhecido pela capacidade intelectual e lida com a vida com a desenvoltura que ela gostaria de ter. Toda vez que Lilith em Sagitário sente que seus princípios estão ameaçados e ergue o dedo para alguém, está presa. Quando deixa os outros à vontade para ser o que são, encontra sua verdade.

## LILITH EM CAPRICÓRNIO

Ambiciosa, Lilith em Capricórnio tem desejo de poder num sentido mundano: quer ser reconhecida pela sua competência, almeja o sucesso profissional. Ela valoriza o status da carreira. Está interessada em se integrar segundo seu valor produtivo. Mas, como há essa tendência de Lilith à negação, ela pode rejeitar qualquer emprego convencional ou mesmo a produtividade em si. Lilith em Capricórnio lida com as estruturas hierárquicas do trabalho de forma ambígua. Ao mesmo tempo que quer fazer valer sua autoridade, pode reprimir sua própria potência. Enquanto se insubordina a qualquer chefia, pode duvidar da própria capacidade de ocupar o mesmo posto e de liderar pessoas em qualquer instância. Por um lado, Lilith em Capricórnio é obstinada até conquistar a posição pretendida, por outro pode reagir ao trabalho como uma obrigação. Se pode desrespeitar seus limites físicos pelo excesso de dever e tem que parar por exaustão, também pode ser indisciplinada e desorganizada e não conseguir produzir o que a realizaria. Ou sentir inveja de quem se desenvolve mais e melhor que ela.

Por tudo isso, dá para entender por que o trabalho é um dos fatores de separação de Lilith em Capricórnio. Quando não é porque ela colocou o trabalho acima da vida privada, é porque o parceiro deixou a família em segundo plano. Ela se atrai por pessoas profissionais e bem-sucedidas, mas quando não está empoderada de seu desejo e sexualidade, pode se envolver com alguém frio e distante. Da mesma forma, não tem tesão em quem não seja igualmente ambicioso. Suas relações podem ser motivadas por convenções sociais e interesses de todos os tipos, menos o afetivo. Lilith em Capricórnio anseia por um encontro sexual e afetivo que se dê sobre a base da afinidade profissional. Trabalhar junto pode ser um fator de união, mas também um jogo de poder que desgasta a intimidade. Em alguns casos, pode ser mais fácil lidar com um parceiro poderoso que atue em outra área, se ambos se dedicarem a uma admiração mútua por suas realizações independentes. Lilith em Capricórnio se insubordina sempre que vê sua autonomia ameaçada. Ela detesta depender financeiramente de alguém e ser considerada menor que o outro.

Lilith em Capricórnio precisa que o parceiro seja firme na expressão do seu afeto. Ela não gosta de pessoas reticentes. Pode ter dificuldade para lidar com tipos muito sentimentais, mas aprecia o vigor. Capricórnio é um signo cuja potência se compara a um rochedo; Lilith em Capricórnio é um falo ereto, mesmo quando é a Lilith de uma mulher. Independente do sexo, ela se excita com a perspectiva da dominação e só respeita um parceiro que não se curve às suas ordens, mas se coloque ao seu lado. Caso contrário, a relação pode ser construída sobre ressentimentos. Mesmo quando sua postura é dura, Lilith em Capricórnio é extremamente sensual, precisa sentir na pele a emoção. Ela é a versão Lua Negra do deus Pan, aquele louco sátiro cuja sexualidade é profundamente instintiva e animal. Quando é pega de jeito pelo amor, suaviza o coração e permite que se aproximem. Assim, pode ser uma parceira firme e segura para toda vida.

## LILITH EM AQUÁRIO

Toda Lilith é um exílio, mas Lilith em Aquário é uma completa estranha. Ela não tem lugar no mundo. É por isso que costuma se esforçar tanto para pertencer, investindo a libido em alguma forma de atuação social. Seja pelo prestígio de ter muitos amigos, por trabalhar com política ou a favor das causas das minorias ou por ser reconhecida como formadora de opinião, Lilith em Aquário busca se destacar na multidão. Mas a dor da rejeição pode doer tanto que ela reaja sendo outsider por opção. Lilith em Aquário pode se comportar como a própria marginal, sendo reativa a tudo que remeta a um grupo. Pode se isolar do convívio com as outras pessoas com a justificativa de que ninguém a entende e de que o problema são os outros, nunca ela mesma. Ou ainda o temor de ficar sozinha pode ser tão visceral que ela prefira se submeter a um meio onde não é benquista, se sujeitando a maus-tratos por supostos amigos e aliados. Toda Lilith é uma indignação, mas a Lilith em Aquário é a própria contestadora. Ela tem que ser do contra.

Isso costuma ser experimentado de forma bem ampla em diversos contextos, mas também pode ser especificamente direcionado para um alvo. Às vezes a questão é com o ser amado. Mesmo que seja a Lilith de uma pessoa de natureza romântica, Lilith em Aquário chega com um grito de liberdade que pode ser bem complexo de administrar num relacionamento íntimo. Ela costuma bloquear as expressões mais sensíveis pela falta de jeito para lidar com sentimentos. Mas o que para outros pode ser arredio, para Lilith em Aquário pode se tratar de outra forma de compreender o desejo e o amor. A questão é que nem sempre ela está consciente de tais concepções tão avançadas. É preciso ir fundo no seu psiquismo para desvendar essa motivação oculta revolucionária, caso contrário ela pode se tornar presa das expectativas sociais. Por exemplo, o que significa um casamento? O que é ter filhos? Inconsciente de seu pendor para mudar o estado das coisas, Lilith em Aquário pode ser uma esposa histérica ou triste, uma mãe que abandona emocionalmente os filhos sob a aparência da dedicação.

Isso quer dizer que Lilith em Aquário jamais se encaixa nos formatos convencionais de relacionamento? Não necessariamente. Mas ela não suporta ser dominada por conceitos preestabelecidos, precisa pensar por si mesma. Pode até ser que, depois de muito questionar, ela assuma um relacionamento exclusivo e tenha filhos queridos, mas porque assim quis, não porque disseram que assim deveria ser. Quando aceita a própria rebeldia, Lilith em Aquário se envolve com pensadores originais e amantes da liberdade. Quando não, ela se atrai por pessoas repressoras, frias e instáveis, que se recusam a assumir uma relação. Ela precisa de estímulo para expressar sua criatividade inventiva. Precisa de desejo para expressar sua sexualidade fora do padrão, para ficar com quem quiser sem nenhuma regra, para deixar o tesão se manifestar como vier. Mas isso pode ser tão difícil que Lilith em Aquário prefira ser careta e invejar de maneira agressiva e acusatória quem se permite ser diferente. Respeitada em sua individualidade, Lilith em Aquário é a força que inspira uma vida livre de preconceitos e os encontros marcados pela boa convivência das diferenças.

## LILITH EM PEIXES

Sexo é fantasia, quem pode dizer que não? Lilith em Peixes pode reprimir a imaginação, que é a fonte da sua libido. Mas também pode cair no extremo oposto de viver de sonho, desejos platônicos e relações que jamais evoluem da conquista inicial porque a realidade da rotina é muito dura para estimulá-la. Lilith em Peixes deseja o romance, mas na sua ânsia de ser aceita pode vestir qualquer fantasia sem discriminação e depois sofrer por ser desvalorizada pelo outro. Lilith é dor, Peixes sempre sofre, e por trás da aparente entrega absoluta pode se esconder um desamparo desesperado. Mas há também o potencial para um envolvimento profundo e sensível, desde que seja respeitada a sua necessidade de um tratamento mais delicado. A questão é que Lilith sempre traz uma carga de agressividade. Na Lilith em Peixes, a violência geralmente se manifesta nos momentos de perda de controle — de si, do outro, da relação. Mas não seria o orgasmo o momento em que não há controle? Lilith em Peixes precisa estar atenta para não fingir o que não pode ser fingido; o ressentimento pode custar caro.

Ela vive a dualidade do desejo pela fusão com o parceiro e o medo de perder-se de si mesma, do anseio pela fuga e o temor da solidão. Mas mesmo que o indivíduo seja mais comunicativo, Lilith em Peixes tende a silenciar sobre seus verdadeiros desejos e a se submeter às vontades do outro. Ou a não se submeter de modo algum e se dedicar a certo culto ou religião que pregue o celibato. Peixes é um signo complexado demais com a vitimização para Lilith se sentir confortável em sua insubordinação. O resultado pode ser a falta de autoconfiança para lidar com seus próprios fantasmas, sendo mais fácil jogar tudo no fundo do baú. Lilith em Peixes almeja êxtases dionisíacos e pode ser tomada por forças maiores que ela. Mas ela assume? Mais fácil declarar-se possuída e culpar o outro, ou abster-se de contatos reais para não correr o risco de gostar. Em casos de repressão extrema em algum momento da vida, o caldeirão entra em ebulição, e se vai dar em gozo depende de muito autoconhecimento. De qualquer maneira, Lilith em Peixes está sempre na expectativa do parceiro meio príncipe, meio deus do sexo, que vá redimi-la, dando-lhe o suporte emocional para experimentar sem jamais abandoná-la.

Esta é possivelmente uma Lilith mais dependente. Ainda assim, reage à dependência com agressividade ou fazendo o famoso "climão" — sabe quando a pessoa não fala, mas faz sentir o rancor? Ela intimida ao se afastar emocionalmente do parceiro, deixando-o só. A ausência de sonhos em comum e a instabilidade podem ser fatores de ruptura para ela. Quando está consciente de seus sonhos, atrai companheiros que se regozijam em lhes dar vazão e se sentem confortáveis para igualmente expressar suas fantasias inconfessáveis. Quando não goza de uma boa autoestima, ela se esconde no delírio e atrai pessoas evasivas, manipuladoras e destrutivas. Lilith em Peixes precisa de coragem para expressar sua imaginação com liberdade. Assim ela se permite envolver com o outro e com a vida como se fosse uma obra de arte.

APÊNDICE
# AS EFEMÉRIDES DE LILITH

| | 1913-1921 | 1922-1930 | 1931-1939 | 1940-1948 | 1949-1957 | 1958-1966 |
|---|---|---|---|---|---|---|
| **ÁRIES** | 26/11/1913 | 01/10/1922 | 07/08/1931 | 11/06/1940 | 17/04/1949 | 20/02/1958 |
| **TOURO** | 22/08/1914 | 28/06/1923 | 02/05/1932 | 08/03/1941 | 11/01/1950 | 16/11/1958 |
| **GÊMEOS** | 18/05/1915 | 23/03/1924 | 26/01/1933 | 02/12/1941 | 07/10/1950 | 13/08/1959 |
| **CÂNCER** | 12/02/1916 | 17/12/1924 | 23/10/1933 | 28/08/1942 | 04/07/1951 | 08/05/1960 |
| **LEÃO** | 07/11/1916 | 12/09/1925 | 19/07/1934 | 24/05/1943 | 29/03/1952 | 01/02/1961 |
| **VIRGEM** | 03/08/1917 | 09/06/1926 | 14/04/1935 | 18/02/1944 | 23/12/1952 | 29/10/1961 |
| **LIBRA** | 30/04/1918 | 05/03/1927 | 08/01/1936 | 13/11/1944 | 18/09/1953 | 25/07/1962 |
| **ESCORPIÃO** | 24/01/1919 | 29/11/1927 | 04/10/1936 | 09/08/1945 | 15/06/1954 | 20/04/1963 |
| **SAGITÁRIO** | 20/10/1919 | 25/08/1928 | 30/06/1937 | 06/05/1946 | 11/03/1955 | 15/01/1964 |
| **CAPRICÓRNIO** | 15/07/1920 | 25/05/1929 | 26/03/1938 | 30/01/1947 | 05/12/1955 | 10/10/1964 |
| **AQUÁRIO** | 11/04/1921 | 14/02/1930 | 21/12/1938 | 26/10/1947 | 31/08/1956 | 06/07/1965 |
| **PEIXES** | 05/01/1922 | 10/11/1930 | 16/09/1939 | 21/07/1948 | 27/05/1957 | 01/04/1966 |

| | 1967-1975 | 1976-1984 | 1985-1993 | 1994-2002 | 2003-2011 |
|---|---|---|---|---|---|
| **ÁRIES** | 27/12/1966 | 01/11/1975 | 06/09/1984 | 12/07/1993 | 18/05/2002 |
| **TOURO** | 22/09/1967 | 27/07/1976 | 02/06/1985 | 07/04/1994 | 11/02/2003 |
| **GÊMEOS** | 17/06/1968 | 23/04/1977 | 26/02/1986 | 02/01/1995 | 07/11/2003 |
| **CÂNCER** | 14/03/1969 | 17/01/1978 | 23/11/1986 | 28/09/1995 | 03/08/2004 |
| **LEÃO** | 08/12/1969 | 13/10/1978 | 19/08/1987 | 23/06/1996 | 24/03/2005 |
| **VIRGEM** | 03/09/1970 | 10/07/1979 | 14/05/1988 | 20/03/1997 | 23/01/2006 |
| **LIBRA** | 30/05/1971 | 04/04/1980 | 07/02/1989 | 14/12/1997 | 19/10/2006 |
| **ESCORPIÃO** | 24/02/1972 | 29/12/1980 | 04/11/1989 | 09/09/1998 | 16/07/2007 |
| **SAGITÁRIO** | 19/11/1972 | 25/09/1981 | 31/07/1990 | 05/06/1999 | 10/04/2008 |
| **CAPRICÓRNIO** | 15/08/1973 | 21/06/1982 | 26/04/1991 | 01/03/2000 | 04/01/2009 |
| **AQUÁRIO** | 12/05/1974 | 17/03/1983 | 21/01/1992 | 25/11/2000 | 01/10/2009 |
| **PEIXES** | 05/02/1975 | 11/12/1983 | 16/10/1992 | 21/08/2001 | 20/06/2010 |

| | 2011-2019 | 2020-2028 | 2029-2037 | 2037-2045 | 2046-2054 |
|---|---|---|---|---|---|
| **ÁRIES** | 23/03/2011 | 27/01/2020 | 02/12/2028 | 07/10/2037 | 13/08/2046 |
| **TOURO** | 16/12/2011 | 21/10/2020 | 27/08/2029 | 02/07/2038 | 08/05/2047 |
| **GÊMEOS** | 12/09/2012 | 18/07/2021 | 23/05/2030 | 28/03/2039 | 01/02/2048 |
| **CÂNCER** | 09/06/2013 | 15/04/2022 | 18/02/2031 | 24/12/2039 | 28/10/2048 |
| **LEÃO** | 04/03/2014 | 08/01/2023 | 14/11/2031 | 19/09/2040 | 25/07/2049 |
| **VIRGEM** | 28/11/2014 | 03/10/2023 | 08/08/2032 | 14/06/2041 | 19/04/2050 |
| **LIBRA** | 25/08/2015 | 29/06/2024 | 04/05/2033 | 10/03/2042 | 13/01/2051 |
| **ESCORPIÃO** | 21/05/2016 | 27/03/2025 | 30/01/2034 | 05/12/2042 | 10/10/2051 |
| **SAGITÁRIO** | 14/02/2017 | 20/12/2025 | 26/10/2034 | 01/09/2043 | 07/07/2052 |
| **CAPRICÓRNIO** | 09/11/2017 | 14/09/2026 | 21/07/2035 | 26/05/2044 | 01/04/2053 |
| **AQUÁRIO** | 06/08/2018 | 11/06/2027 | 15/04/2036 | 19/02/2045 | 25/12/2053 |
| **PEIXES** | 03/05/2019 | 08/03/2028 | 11/01/2037 | 16/11/2045 | 22/09/2054 |

AGRADECIMENTOS

# AMOR E GRATIDÃO

Gratidão à minha amada madrinha Débora Maína, de quem herdei o nome e o conhecimento. Obrigada, Dindinha, pela generosidade em ensinar e pela compreensão silenciosa que transcende espaço e tempo.

Amor aos meus pais, Darlene e Henrique, por terem acreditado em todos os meus delírios e estimulado o meu potencial desde sempre. Sem vocês eu não existiria, vocês são a minha vida. Gratidão pelo amor incondicional e pela nutrição espiritual.

Gratidão, Universo, por ter me encaminhado para as mestres mais incríveis: Claudia Lisboa, que me inspirou na poesia dos astros, e Izabel Teixeira, que me apresentou aos mistérios que eu precisava desvendar. E gratidão a todos os mestres que me ensinaram através da literatura.

Amor aos amigos com quem troquei muitas ideias astrais — vocês são tantos que nem caberiam aqui. Mas estão todos presentes em forma de inspiração. Jayme Carvalho (*in memoriam*) e Isabella Heine, pelas horas de conversa cósmica e alucinada. Rafael Todeschini e Erika Martins, por terem sido parceiros na criação do Mapeando, obra da inteligência, do bom gosto e do coração enorme de vocês. Alessandra Debs, pela presença de Vênus e assessoria. Pedro Perez e família, por terem cedido a casa na serra onde este livro começou a ser escrito. O encantador de cavalos João Montarroyos, por me educar na mais fina arte da equitação francesa. Amor ao puro-sangue inglês Espadachim, que me deu a força de que eu precisava para fazer este livro acontecer.

Gratidão à equipe da Companhia das Letras, que se dedicou com sensibilidade à elaboração deste projeto. Não poderia haver casa melhor para os *Encontros astrais*.

Amor aos homens que encontrei e que me amaram, cada um ao seu modo. Vocês são o meu mistério.

Gratidão à família que me acolheu nesta dimensão, aos meus alunos que tanto me ensinam, aos parceiros de trabalho que me instigam a evoluir e a todos que encontrei pelo caminho, que tenham caminhado ao meu lado ou não: com vocês aprendi a arte do encontro. Mesmo que haja tanto desencontro nesta vida.

ESTA OBRA FOI COMPOSTA POR TEREZA BETTINARDI EM AMALIA E NEUTRA
EM OFSETE SOBRE PAPEL PÓLEN SOFT DA SUZANO
PAPEL E CELULOSE PARA A EDITORA SCHWARCZ EM ABRIL DE 2016

FSC
www.fsc.org
MISTO
Papel produzido a partir de fontes responsáveis
FSC® C019498

A marca FSC® é a garantia de que a madeira utilizada na fabricação do papel deste livro provém de florestas que foram gerenciadas de maneira ambientalmente correta, socialmente justa e economicamente viável, além de outras fontes de origem controlada.